—— 作者 ——

雷蒙德·瓦克斯

曾任纳塔尔大学公共法系主任。主要研究方向为法学理论、隐私权和人权。曾多次在BBC普法类节目中出镜。所发表作品涉及法律及法哲学的诸多方面。主要著作包括《个人信息：隐私与法律》（1993）、《法理学》（1999，该书在世界范围内作为教材被广泛采用）、《理解法理学：法律理论引论》（2005）等。

A VERY SHORT INTRODUCTION

PHILOSOPHY OF LAW

法哲学：价值与事实

[英国] 雷蒙德·瓦克斯 著
谭宇生 译

译林出版社

图书在版编目（CIP）数据

法哲学：价值与事实 ／（英）雷蒙德·瓦克斯（Raymond Wacks）著；谭宇生译．—南京：译林出版社，2024.1（2024.10重印）
（译林通识课）
书名原文：Philosophy of Law: A Very Short Introduction
ISBN 978-7-5447-9963-8

Ⅰ.①法… Ⅱ.①雷… ②谭… Ⅲ.①法哲学 Ⅳ.①D90

中国国家版本馆 CIP 数据核字（2023）第 218546 号

法哲学：价值与事实 ［英国］雷蒙德 · 瓦克斯 ／著 谭宇生 ／译

责任编辑 於 梅
装帧设计 孙逸桐
校 对 梅 娟
责任印制 董 虎

原文出版 Oxford University Press, 2006
出版发行 译林出版社
地 址 南京市湖南路 1 号 A 楼
邮 箱 yilin@yilin.com
网 址 www.yilin.com
市场热线 025-86633278
排 版 南京展望文化发展有限公司
印 刷 南京新世纪联盟印务有限公司
开 本 850 毫米 ×1168 毫米 1/32
印 张 4.625
插 页 4
版 次 2024 年 1 月第 1 版
印 次 2024 年 10 月第 2 次印刷
书 号 ISBN 978-7-5447-9963-8
定 价 59.00 元

序　言

季卫东

珠玉短稿很难写。何况是要介绍高深玄妙的西方法哲学在上下两千年里枝蔓演变的全景，仅限于八万余字的篇幅，更不免让人产生“一部二十四史不知从何说起”之类的慨叹。但雷蒙德·瓦克斯教授的法哲学入门，在删繁就简上却处理得非常精彩。因为作者长期在非西方社会执教，对异文化间的语言沟通和相互理解颇有心得，所以无论行文还是释义都做到了深入浅出、融会贯通。其中很多比较、分析、点评于平白处见奇崛，散发着让读者欲释卷而不能的魅力。

这本小册子以自然法学派与实证法学派之争以及超越两者立场的综合法学派的勃兴为经，以法的实质、法律与道德的关系、作为法律理念的正义、权利的认定和保障、法律思考和解释、司法判断等最基本的理论问题为纬，编织出一片锦绣鸟瞰图，把西方法哲学的来龙去脉、精髓以及当前趋势展示得非常清晰准确。关于1970年代以来的精神变局，作者追根溯源至德沃金式的第三道路，认为正是他的那个综合性理论导致了法哲学基础的丕变——这是很有洞察力的独到见解。也就是说，在自然法学与实证法学之间的张力因整体化而减弱乃至消失之后，法与社会之间的张力势必逐渐凸显出来，于是各种社会理论以及来自外部的观察和批判势必长驱直入，使得西方法哲学中的各种思想潜流和异端空前活跃。

从写法上看，瓦克斯教授善用类似水墨画“飞白”那样的表现技巧，在避免老生常谈、冗赘叙述的同时，也给读者留下了想象和领悟的余地。例如第一章开头部分，不谈众所周知的纳粹法律事象对战后自然法复兴的影响，而是以国际规范的伦理化倾向和理性思维带出人权外交诉诸自然法的现实，接着笔锋一转，指出“自然法理论的复兴或许暗示着，几个世纪以来我们在解决这些伦理问题方面并没有多大进展”。一句话，留下无穷的意蕴，于是也就顺理成章地开始概述自亚里士多德、西塞罗以来自然法学说的历程，并在春秋笔墨的勾勒之中，对迄今为止围绕自然法哲学的问题状况给出了极其简洁而完整的界定。

该书还有一个特色，就是以速写方式描绘出不仅形似而且还神似的思想肖像，并使不同的法哲学家相映成趣。我很欣赏作者把霍布斯提出的自然法则理解为现代意义上的生存权保障的制度设计的视角，还有他在霍布斯与洛克之间设置的几个对比：实现天赋人权是需要全能政府还是有限政府，自然法来源于天赋人权还是天赋人权来源于自然法，等等。关于法律实证主义的本质，瓦克斯教授是以两个核心思想来把握的，即（1）法律就是命令的古典观念（代表性论者是边沁、奥斯丁），（2）任何法律的有效性都要上溯到一个客观而可以证实的渊源的现代科学观念（代表性论者是凯尔森、哈特）。为了与自然法学派进行对照，他还给出了一个概括性的判断：“大多数实证主义者都批评法律并且提出一些方法来对法律进行改革，这些通常都涉及道德判断。但实证主义者的确都认为，分析和理解法律的最有效方法是暂不进行道德判断，直到我们确定我们试图去弄清楚的是什么。”寥寥数语，却很全面而公允，把实证法学派的基本特征刻画得入木三分。

尤其值得注意的是对扬弃了自然法哲学与法律实证主义的综合法学派主张的分析。在这一部分，作者把德沃金营造出来的抽象建筑物理解为“一种解释程序”——道德与法律的关系问题，在这里都被纳入按照程序和论证规则进行议论和解释的范畴。也就是说，根据这个理论框架，任何法律在适用之际都必须进行解释性论证，而任何解释都难免伴随着价值判断，因此试图严格区分道德与法律的实证主义做法是徒劳无功的。显而易见，这样的理论更有利于在司法实践中保障个人的权利和自由。尽管如此，作者却强调了一个通常遭到忽视的有趣事实：德沃金关于法律体系正当性的思想的立足点其实并不是个人，而是“社群”或者“社团”，它们因而平等被赋予了优于自由的地位。这个指摘出乎常人的意料却合乎原著的道理，可谓独具慧眼和匠心。

对一个如此精简的通识读物是不应该求全责备的。何况剪裁思想史资料，本来就很容易引发仁者见仁、智者见智的歧见，不妨任其取舍。尽管如此，我还是要不顾吹毛求疵之讥，对该书的缺点也略举一二。首先，考虑到黑格尔在引进自由的辩证法、批判性考察和反思近代市民社会以及解决主体意志的冲突导致无序化问题等方面的重大贡献，我认为全书对黑格尔的法哲学不置一词是难以理解的。其次，在关于法与社会的部分，除了唯物史观之外并没有涉及关于文明进化、各种文化和民族的互动以及精神结构史观的法学思考，轻视了亨利·梅因、弗里德里希·萨维尼等人的哲理成就及其对自然法学派与实证法学派之间力量对比关系的微妙影响。另外，就当代法哲学而言，古斯塔·拉托布鲁夫的价值相对主义法哲学也属于一种综合理论，其中关于法律和正义之间的难忍矛盾公式以及执意不正公式在实体性标准的层面为超越自然法哲学与法律实证主义的对立提供了津梁，最好能参照富勒的指标体系化自然法程序、德沃金的解释程序、哈贝马斯的商谈程序等思路一并讨论。

然而瑕不掩瑜。可以说，这本小册子的确是西方法哲学的优秀向导。面对秩序、规范以及公平等复杂的社会问题，先哲们究竟是怎样思索和探讨的，已经达到什么样的认识高度，相关的理论成果是应该被不断回顾和推敲的，当代人可从这样的思想反刍中获得丰富的启迪，发现崭新的契机。本书为此提供了必要的、中肯的梗概，值得向大学低年级本科生、法律实务家以及其他各界人士推荐。是为序。

目　录

前　言

简洁是一种美德，但这种美德却通常与法律无关，更不用说法律工作者。法律文献也从不避免它的繁重与冗长。法律书籍是厚重的，法哲学著作同样趋于大部头。也许这是一种无法避免的恶。实际上，我自己最近完成的一本学生用书《理解法理学：法律理论引论》（牛津大学出版社，2005）的重量几乎达一磅半，也就是六百克，全书将近四百页。

然而，本丛书却责成其作者要"瘦身"、浓缩、精简——同时对书的主题的阐述又不可过于简单。无须赘言，从法哲学中提炼出最精华的部分是一件野心勃勃的事，但我还是希望这并非完全是一种幻想。这本小书的目的在于为一般读者提供对法哲学核心问题的一种生动而易于理解的指引，力求去阐明经常令人困惑的法律概念以及法律与正义、权利和道德等普世性问题之间的关系。

我非常感激伦敦大学学院法哲学教授斯蒂芬·格斯特审阅了全书的手稿并提出了几点对我很有帮助的评论与意见。当然，他对我在书中可能出现的错误绝不负有任何责任。与牛津大学出版社同仁合作总是一件非常愉快的事。我尤其要感谢玛莎·菲利翁、詹姆斯·汤普森、德博拉·普罗瑟罗以及简·罗布森。

我非常感谢我的妻子佩内洛普给我的爱、鼓励和支持。她的话对我来说就是法律。

引　言

法律问题经常见诸报端并引发争论。虽然法学家和政治家赞赏法治的优点，改革家却对法律的不足之处感到遗憾，愤世嫉俗者也对声称法律即是正义的说法表示质疑。但是所有人都承认法律是促进社会变革的手段，而且很少有人怀疑法律在我们的社会、政治、道德以及经济生活中的核心作用。

但何者谓之法律？法律是包含了一套合乎自然的普遍道德法则（参见第一章），还是很大程度上仅为由人制定的有效的规则、命令或者规范的集合（第二章）？法律是否有某种特定的目的，诸如保护个人权利（第三章）、实现正义（第四章）或经济、政治和性别平等（第六章）？法律能否脱离其赖以运行的社会背景（第五章）？

许多问题有待试图揭示法律之概念和功能内涵的人们去解决，上述问题只是管中窥豹。这些问题贯穿法哲学整个领域，详细描绘这幅宽广的蓝图是令人畏惧的任务。我只希望在有限的篇幅里，能仅仅阐明法哲学最突出的外在特征。为达到这个目的，我将叙述重点放在最主要的法学理论上，因为这些理论提供了了解古典和当代法学思想最好的入门渠道。

这种写作方法绝非意图贬损另一种策略的价值，后者试图阐明困扰法哲学良久的诸多概念性、解释性问题。实际上，本书第四章就致力于探讨两个最重要、最困难的问题：权利和正义。其他摆在法理学家面前的繁杂问题包括先例原则（根据该原则，法院本身一定要受高级别法庭裁决的约束）、遵从法律的道德义务、法律人格的概念、因果关系和责任的复杂性以及各种各样的刑罚学说。所有这些内容都包含于法学理论的大范畴内，但是，尽管其中有些内容在以下章节中会间接地涉及，鉴于篇幅，这些问题还是没有纳入本书的论述范围。

虽然本书承诺对法哲学进行非常简单的介绍，在概念上我会交换使用“法哲学”“法律理论”“法律哲学”“法理学”，但严格来说，“法理学”关注的是对法律进行的最抽象的理论分析（例如关于权利或义务的性质、法律推理等问题，这些问题经常暗含在实体法分支中）。“法律理论”通常用来指对法律的理论探究，此处所说的“法律”比法律专业学者所理解的法律（例如马克思主义者对法律控制的研究方法）范围要宽泛。“法哲学”，正如其名称所暗示的那样，通常是从哲学学科的观点着手来进行研究（例如，它试图解决可能会令道德哲学家或政治哲学家困惑的一类问题，诸如自由或者权威的概念）。但当代作者往往几乎不考虑这些细微的区别，现代法哲学的研究范畴几乎没有界限。

法律理论远不同于法律剧目。但即使是耸人听闻的刑事审判——无论是真实的还是虚构的——都已成为荧幕上的常客，它们集中描述出一些让法哲学家争论不休的法律特征。它们在道德和法律责任、刑罚的正当性、损害的概念、司法功能、正当程序等诸多方面提出了一些棘手的难题。不难说明的是，法哲学绝非一种抽象而不切实际的研究。

没有一种连贯一致的法律概念与法律原理，任何社会都无法得到恰当的理解或解释。法律的社会、道德、文化基础以及贯穿其中并解释它们的理论，和法律的“黑体字”一样重要。法律理论宽广的范畴里有许多主题，其中之一就是法律本身的定义。显而易见，在开始探究法律的本质之前我们需要阐明，当说到法律这个经常让人难以捉摸的概念时，我们到底意指什么。如果我们对自己正在讨论的东西到底是什么这一点没有一些共识，就很难对法律和法律制度进行分析。具有建设性的第一步是要区分描述性和规范性的法律理论。

描述性法律理论试图解释法律的定义、目的和重要性。规范性法律理论则关注法律应当是什么。换句话说，描述性法律理论是关于事实的理论，而规范性法律理论则是关于价值的理论。描述性法律理论有三种主要类型。首先是“原理性”方法论，该理论的提出是要阐明某个特定的法律原理。比如，表达自由可通过法庭对言论自由限度的裁决来得到证成。原理性法律理论试图回答的问题如“这些案子能否被一些基础理论所阐明？”其次，描述性法律理论可以是“解释性”的，这种理论试图解释为什么法律是现在这样的。马克思主义法律理论在这种意义上来说就是“解释性”的，因为这种理论把法律解释为表达了统治阶级的利益（参见第五章）。第三种描述性法律理论关注的是从某一套法律规则中所产生的结果，比如法律的经济分析（参见第四章）会评估对机动车辆制造商施加一种严格责任制度可能产生的成本。

规范性法律理论关注的则是价值。例如，一种规范性理论也许会试图确认为了保护消费者，是否应实施机动车辆制造商的严格责任制。这样做是否公平或公正？规范性法律理论因此必然与道德或者政治理论联系在一起。为追求对法律的价值评判，规范性法律理论可能要么是“理想的”，要么是“非理想的”。前者涉及当法律规则在政治上可实现时，什么样的规则将产生最佳法律制度。后者则预设了对选择法律规则的多种限制，如执行这些规则所存在的困难。

但是，这两种法律哲学之间并没有非常明确的界限。规范性理论可以依赖描述性理论来获得其理论支点。由此，如果不对某个特定规则的适用所产生的结果进行描述性说明，功利主义规范理论（参见第四章）便很难得到证明。如果不对结果进行描述，功利主义者将如何知道规则X产生了最大的幸福（结果Y）？同样，描述性法律理论也可以在预测（比如）法律变革成功的可能性的基础上限制引起这种改良的规范性法律理论。

我们也将同样看到（在第三章）规范性理论和描述性理论如何结合在一起，从而产生了一种法哲学的混合体。例如，罗纳德·德沃金（1931—　）的“作为整体的法律”理论中，就存在着描述性规则理论和规范性理论的目标的融合。在主张法律理论应当同时“适用于”并“证成”法律素材时，德沃金的法律即一种解释性概念的理论似乎允许描述性规则理论与规范性理论的结合。

我们生活在一个繁难四起又不甚公平的世界。也许这个世界向来如此。面对邪恶与不公，当反思法律确切的本质与功能时，我们很容易陷入含混不清的过分简单化及花言巧语般的诡辩。对法律的基本性质、正义以及法律概念的含意做清晰的分析和严谨的法学沉思是不可或缺的。法律理论在阐释维系我们生活方式的价值标准和理想并为之辩护方面应起到决定性的作用。

第一章

自然法

“它就是不对的。”“它不符合人的本性。”你听到过几次针对某种实践或行为的诸如此类的看法？这些看法的意思是什么？当人们责备堕胎行为不道德或者声称无法容忍同性婚姻时，其根据何在？关于对错善恶，是否存在一个客观的、可确证的标准？如果答案是肯定的，我们又如何能找到这种标准？

道德难题充斥着我们的生活并成为政治、法律争论的题材。而且，自联合国成立以来，各种国际宣言和国际公约日益反映了国际关系，尤其是人权领域中的伦理趋向。其中，多数国际宣言和国际公约都诉诸自然法未予言明的假设，即确实存在一套道德真理，只要我们应用自己的理性思维，就都能发现。

自亚里士多德以来，伦理问题就已理所当然地萦绕于哲学家们的心头。自然法理论的复兴或许暗示着，几个世纪以来我们在解决这些伦理问题方面并没有多大进展。

一位重量级的自然法学家说：“对自然法最好的描述就是它为法律与道德的交点提供了一个名称。”其主张简单说来就是：本然的即为应然的。约翰·菲尼斯（1940—　）在他那本脍炙人口的《自然法与自然权利》一书中主张，当我们试图解释法律是

图1 同性恋、同性“婚姻”以及对配偶不忠违反了自然法的法则

什么的时候,不管愿意与否,我们都在假设什么是“善”的:

> 人们经常认为在对法律这种社会机制进行评价时,要想做到完全、彻底,就必须对其进行如实的、不带价值判断的描述与分析。然而现代法理学的发展表明,任何一个理论家都无法对社会事实进行理论上的描述与分析,除非他同时进行价值判断并理解什么对于人们而言是真正的善,什么是实践合理性所真正要求的。对任何社会科学方法论的反思也确证了这一点。

这是分析自然法的一个有力的根据。它认为我们在识别**善**的时候所运用的智慧与我们在确定何物**存在**时所运用的智慧是不同的。换句话说，要理解自然法体系的性质和影响，我们必须承认这种体系揭示出了不同的逻辑。

古罗马法学家西塞罗借用斯多葛学派的哲学理论，有效地指出了所有自然法哲学的三种主要构成要素：

> 真正的法律是与自然相一致的正确的理性；它普适、恒常、永续……去改变这种法律是一种罪过，也不可能试图限制它的任何部分，而完全废除它则是不可能的……（上帝）是这种法律的制定者、公布者和执行法官。

这里强调的是自然法的普遍性和永恒性、自然法作为一种“更高级别”的法的地位及其可通过理性思考来发现的特点（正是在这种意义上它是“自然的”）。古典自然法学说曾被用来证明革命与反抗的正当性。公元前6世纪，古希腊人称人法的重要性源于主宰一切的命运的力量。这种保守观点很容易被用来证明不公正现状的合理性。然而，到了公元前5世纪，人们已承认自然法与人法可能存在某种冲突。

相比自然法，亚里士多德更多地关注自然正义与约定正义的区别。然而如前文所述，古希腊斯多葛学派特别关注自然法的概念，因为这里的“自然”之所指与理性一致。斯多葛学派的观点体现在古罗马法学家所持的态度中（由西塞罗表述出来），后者至少在理论上认为，不遵从“理性”的法律不能被视为有效。

我们今天所理解的自然法哲学由天主教完整地表述出来。早在公元5世纪，圣奥古斯丁就问道：“如果没有正义，国家除了强盗泛滥、土匪日增还会是何面目呢？”但对自然法最重要的阐释见诸多明我会修士圣托马斯·阿奎那（1225—1274）的著作。其代表作《神学大全》包含了基督教学说对这个问题最全面的论述。阿奎那区分了四种法律：永恒法（只为上帝所知的神的理性）、自然法（永恒法参与到理性动物中来，可为理性所发现）、神法（由宗教典籍所揭示）和人法（为理性所支持，其制定是为了共同善）。

阿奎那的理论中有一个方面尤其引起了人们的关注和争议。他说，一部“法律”如果不符合自然法或神法就根本不是法律。这就是通常所说的“恶法非法”[①]（不公正的法律不是法律）。不过现代学者认为阿奎那自己从没有这样主张，他只是援引了圣奥古斯丁的说法。柏拉图、亚里士多德和西塞罗也表达了类似的观点，但这个主张与阿奎那的联系最紧密，因为他似乎已经表达了如下观点，即与自然法的要求相冲突的法律就失去了道德上的约束力。换言之，一个政府如果通过颁布不公正的法律（不合理或者违反公共善）来滥用其权力，它就会丧失要求人们服从的权利，因为这样的政府缺乏道德权威。阿奎那称这种不公正的法律为“堕落之法”。但他似乎并没有支持这样一种观点，即人们不服从

① 原文为拉丁文。——编注

不公正的法律总是正当的。因为他确实声称如果统治者颁布不公正的法律则“其臣民没有义务去服从”，但他同时又谨慎地说道，“或许在某些特殊情况下，诸如事关避免丑闻”（即对他人而言是一种具有腐蚀性示范作用的典型）或者避免国内的无序状态时要另当别论。

到了17世纪，欧洲范围内对法律尤其是国际公法所有分支学科的阐释都声称是建立在自然法基础上的。人们通常把胡果·德·格鲁特（1583—1645），一般称其为格劳秀斯，与自然法的世俗化联系在一起。在他那本极具影响力的著作《战争与和平法》中，格劳秀斯认为，即使上帝不存在，自然法仍然有着同样的内容。这一点被证明是发展中的国际公法学分支的一个重要基础。也许格劳秀斯是指某些事物“从本质上来说”就是错的——无论上帝是否对它们有所安排；因为，用格劳秀斯自己的比喻来说，即使是上帝也无法使二乘以二不等于四！

18世纪威廉·布莱克斯通（1723—1780）爵士的《英国法释义》标志着自然法在英国得到认可。布莱克斯通在他那本伟大的著作中开篇就宣称英国法的权威源于自然法。但是，尽管他求助于实证法的这种神学渊源，甚至还认为它可以使已颁布的与自然法相悖的法律无效，但他对法律的论述实际上并没有体现自然法理论。不过，布莱克斯通尝试给实证法披上一层源于自然法的合法性外衣的努力招致了杰里米·边沁（1748—1832）的批评，根据后者的描述，自然法与其他事物相比“不过是一种臆想的产物”（参见第二章）。

阿奎那支持的是一种相当保守的自然法观点。但自然法的原则曾被人们用来证明革命——尤其是美国革命和法国革命的合理性，其根据是法律侵犯了个人的天赋权利。因而，美国反对英国殖民统治的革命斗争就建立于对全体美国人天赋权利的诉求，用1776年美国《独立宣言》的崇高措辞来表达就是，对"生命、自由和追求幸福权利"的诉求。正如宣言所示，"我们认为下面这些真理是不证自明的：人人生而平等，造物主都赋予了他们某些不可剥夺的权利"。同样，1789年8月26日法国《人权与公民权利宣言》也包含了一些激励人心的观点，并提及了人类的某些"天赋权利"。

自然法在许多契约理论中得到了应用，这些理论按照一种社会契约的形式来构想政治权利和义务。这种社会契约并非严格法律意义上的契约，而是表达了一种观念，即一个人服从另一个人的政治权力必须以前者的同意为条件。这种研究方法在自由主义思想中依然颇有影响力，尤其是约翰·罗尔斯的正义理论（参见第四章）。

天赋权利：霍布斯、洛克与卢梭

尽管托马斯·霍布斯（1588—1679）因其名言生命是"孤独、贫困、卑污、野蛮和短暂的"而被世人铭记，但在其名著《利维坦》一书中，霍布斯实际上是说这是形成社会契约前人类的生存状态，即自然状态。他认为自然法教会我们自我保全的必要性：维护秩序与安全，我们需要法律与政府。因此在社会契约下，我们必须让渡天赋自由以创造一个秩序井然的社会。霍布斯哲学因而有点极权主义的色彩，将秩序置于正义之上。特别是，他的理论（实际也是他自己承认的目的）就是要消解反对（即使是邪恶的）政府的革命的合法性。

在霍布斯看来，我们的每一个行为，即使表面上是友善的或者利他的，实际上也是自私的。因此，我捐款给慈善机构实际上是我享受自己权力的一种方式。他认为，对人类行为包括道德的准确解释必须承认我们本质上的自私性。他在《利维坦》中对人们在政府形成前的自然状态中会如何行事感到好奇。他承认我们每个人无论是就体力还是智力来说，本质上都是平等的：即使最弱者——在适当武装后——也有实力去杀死最强者。他阐释道，这种平等导致了纷争的产生。他认为，我们有争吵的倾向，原因主要有三点：竞争（因为物质财产供给的有限性）、不信任和荣誉（我们为了维护自己很高的声誉而总是持敌对态度）。由于我们生性喜欢争吵，霍布斯得出结论认为，我们处在一种一切人对一切人的永久战争的自然状态中，在这种状态下没有任何道德可言，所有人都生活在永无休止的恐惧中。

在这种战争状态结束前，每个人对一切事物都享有权利，包括有权剥夺他人的生命。霍布斯认为，单从人类的私利和社会契约出发，人们可导出相同类别的法则，这些法则被自然法学家视为自然界永远不变的法则。霍布斯断定，为了逃避自然状态下的恐惧，和平就是第一条自然法则。

第二条自然法则是我们相互放弃某些权利（如剥夺他人生命

的权利）以实现和平。这种权利的相互让渡是一种契约并且是道德义务的基础。霍布斯没有幻想仅仅通过缔结契约就能确保和平。这种契约必须得到践行——这是霍布斯的第三条自然法则。

霍布斯承认，由于人是自私的，出于私利的考虑我们便很有可能违约。当我觉得不会被发现时，我或许就会违反约定去偷你的东西，而你也能意识到这一点。为避免违反我们彼此间的义务，霍布斯主张，唯一的方法就是将一种无限权力授予一个政治主权实体，如果我们违反契约，就会受到这个实体的惩罚。此外，也纯粹是因为一种自私的原因（结束自然状态），我们同意设立一个拥有制裁权的权力机构。但霍布斯坚持认为只有当这种主权实体存在时，我们才能客观地裁决对与错。

霍布斯还用其他几条独立法则来补充上面的三条，比如第四条法则（对那些遵守契约的人表示感激之情）。他总结说，道德完全由这些自然法则组成，这些法则通过社会契约而得以实现。这种对天赋权利的解释与古典自然法所支持的观点大相径庭。但霍布斯的这种阐释可以被设计成一种天赋权利的现代观点，其前提是人人都有保全自己生命的基本权利。

约翰·洛克（1632—1704）所描述的没有社会契约的人类生存状态绝非如霍布斯所述的噩梦。洛克主张，社会契约产生前的生活非常美妙——除了一个重要的不足：对财产的保护不够充分。因此，对洛克而言（尤其是在《政府论两篇》中），正是为了矫正这个缺陷，使自然状态下所有方面都如诗歌般美妙，人们才通过一种社会契约来放弃某些自由。洛克的理论依赖于对上帝之下人类权利与义务的阐释，这使人联想到阿奎那的一些基本假定。该理论试图细致地去解释社会契约的生效及其条件。洛克的理论是革命性的（他承认人们拥有推翻暴政的权利），而且还极力强调拥有财产的权利：上帝拥有整个世界并将其给予我们去享受，因此财产权本不存在，但是当劳动者将其劳动与物质客体"混合"在一起时，他就取得了对自己创造出来的物的权利。

洛克对私有财产的看法极大地影响了美国宪法的起草者。因此人们把洛克看作现代资本主义的先驱，对他的评价因而毁誉参半。

在洛克看来，社会契约保全了生命、自由和财产的天赋权利，同时，个人权利的享有——对幸福的追求——使得市民社会产生了共同善。对霍布斯而言，天赋权利是第一位的，自然法则源于天赋权利，而洛克则认为天赋权利源于自然法，即理性。霍布斯察觉到一切人对一切物的一种天赋权利，洛克则主张我们对自由的天赋权利受到自然法及其所要求的我们不能在"生命、健康、自由或财产"方面相互伤害之命令的限制。洛克主张一种有限政府：在他看来，政府分支机构间的制衡以及立法机构中的真实代表会令政府最小化，同时让个人自由最大化。

在让-雅克·卢梭（1712—1778）的理论中，自然法的地位没有社会契约理论来得重要。与霍布斯和洛克相比，卢梭的理论更形而上，他的社会契约（见于其《社会契约论》）是个人和社群之间的一种协议，通过这种协议，个人成为卢梭所称的"公意"的一部分。在卢梭看来，某些天赋权利是不能剥夺的，但是通过赋予“公意”一种绝对的立法权威，法律就可以合法地侵犯这些权利。实际上，如果政府代表了这种“公意”，它就可以做几乎任何事情。卢梭虽然热衷于参与式民主，但同时也愿意授予立法机构一种实质上不受限制的权力，因为立法机构反映了“公意”。因而，卢梭本身就是矛盾的：一个民主极权主义者。

自然法的兴衰

因两个“劲敌”的出现，自然法理论的影响逐渐衰退，尤其在19世纪。首先，我们将在下一章看到，法律实证主义的理念构成了与自然法思想强有力的对抗。其次，认为在道德思考中不可能存在理性解决方案的观点（伦理学中的所谓“不可知论”）也引起了人们对自然法的一种深刻的怀疑主义：如果我们无法客观辨别对错，自然法则就不过是一种主观判断罢了——因而它们就无所谓对错。

大卫·休谟（1711—1776）在其《人性论》中首次注意到道德家试图从“是”中导出“应当”：我们不能仅仅因为实际上存在某种情势就断定法律应当采取某种特定的方式。根据这个论点，下面的三段论是错误的：

所有动物都繁衍后代（大前提）

人类是动物（小前提）

所以人类**应当**繁衍后代（结论）

休谟试图说明，关于这个世界或人性的事实不能用来决定什么**应当**做或者什么不应当做。当代一些自然法学家虽然也承认上述三段论确实是错误的，但否认古典自然法试图照此从“是”中推出“应当”，对于这一点我们可参见下文所述。

20世纪见证了自然法理论的复兴。这在战后对人权的承认和一些国际宣言如《联合国宪章》、《世界人权宣言》、《欧洲人权公约》以及《1959年德里法治宣言》（参见第四章）对人权的表述中可见一斑。自然法不再被视为宪法意义上的、可使普通法律无效的“高位阶的法”，而是被看成衡量制定法的一种标准。

对纳粹高官的纽伦堡审判重申了自然法理念。审判中适用了这一原则，即某些行为即使没有违反制定法的规定也同样可构成“反人类罪”。审判法官虽然没有明确适用自然法理论，但他们的判决反映出对这一原则的承认与重视：法律并不必然是决定正义的唯一因素。

另一个重要发展，是在各种司法过程中对人权或公民权利制定宪法保障条款（如美国权利法案及美国最高法院对其做出的解释）。

法律理论也同样促进了自然法理论的发展。朗·富勒的“法律的内在道德”（参见下文）、H. L. A.哈特（1907—1992）的“最低限度的自然法”（参见第二章）以及最重要的，当代自然法学家如约翰·菲尼斯的著述（参见下文）都在自然法的复兴中发挥了重要作用。

图2　对纳粹战犯的纽伦堡审判适用了如下原则，即某些行为即使没有违反制定法的特定条款也构成“反人类罪”

朗·富勒:“法律的内在道德”

美国法理学家朗·富勒(1902—1978)引人注目地提出了一种世俗的自然法观点,认为法律具有一种“内在道德”。借此他是指一种法律体系有一个特定目的,即“使人的行为服从规则的约束”。由此便可得出,在这个有目的的事业中法律和道德之间存在着必然的联系。

富勒讲述了一个虚构的雷克斯王的“道德”故事及导致其未能制定法律的八个因素:(1)他根本未能制定规则,因此每个问题的解决必定是临时完成的;(2)他没有公开那些期望其臣民去遵守的规则;(3)他滥用立法权制定有追溯力的法律(例如,在周一是合法的行为到了周二却被认定为非法);(4)他的规则让人无法理解;(5)他制定的规则相互矛盾;或(6)该规则所要求的行为超出了受影响当事人的能力;(7)他频繁更改规则导致其臣民无所适从;(8)他未能实现已宣布的规则与其实际执行之间的一致性。

倒霉的雷克斯王之所以失败是因为他忽视了富勒的八项原则:

1. 普遍性
2. 颁布
3. 不溯及既往
4. 明确性

5. 不矛盾

6. 有遵守的可能性

7. 稳定性

8. 官方行为与已颁布规则的一致性

富勒的结论是，只要一个制度不符合上述任何一个原则，或者实际上未能做到上述几点，就不能说在那个社会中存在着“法律”。但是，虽然他坚持认为这八项原则是**道德性**的，这些原则似

图3　对种族隔离和种族歧视的合法执行在种族隔离时代的南非达到了顶点

乎实质上只是一些关于有效立法的程序性指南。尽管如此，有人还是会认为这八项原则在政府与被统治者之间含蓄地建立起了公平，因此排除了邪恶的政体。

然而，一般的观点却认为遵守富勒的八条“必备原则”仅能保证法律制度的有效运行；既然这不能作为道德标准，一个邪恶的制度因而便可以同样轻易地通过其检验。确实，可以说为了追求效力，一个邪恶的法律制度事实上也可能**力图**满足富勒的八项原则。毫无疑问，实施种族隔离政策的南非统治者在制定和实施其备受谴责的法律时就试图去遵守程序上的精确性。

当代自然法理论：约翰·菲尼斯

牛津法学理论家约翰·菲尼斯复兴并细致研究了阿奎那的自然法原则，这一点人们通过他的《自然法与自然权利》一书比较容易了解。这本书是重述古典自然法学说的重要代表，尤其是该书应用到了分析法学理论，而我们在下文中将会看到，分析法学理论通常被认为是自然法学说的对立面。

领会菲尼斯著述的意图非常重要。他否认大卫·休谟的实践理性观念，这种观念主张，我做一件事情的理由仅仅是从属于我想达到某种目的的愿望。理性仅使我明白如何最佳达成我的愿望，而并不能告诉我应当期望什么。菲尼斯更欣赏亚里士多德的基本思想：一种值得付出的、有价值的、可欲的生活由何者构成？他列出的清单包含了七项他所称的“人类兴旺的基本形式”：

1. 生命

2. 知识

3. 游戏

4. 审美体验

5. 社交（友谊）

6. 实践合理性

7.“信仰”

这些是有助于实现美满生活的要点。每一点都因其一直支配着人类社会而具有普遍性，并且每一点都有其内在价值，因为我们珍惜它的原因在于其本身，而非仅仅为了获得其他的善。道德信仰的目的是为了提供一种伦理结构以追求这些基本善。这些原则方便我们在各种互有抵触的善中进行选择，同时使我们能阐明在追寻一种基本善的过程中我们被允许去做的事情。

人类要兴旺就需要这些基本善，尽管人们可以轻易地扩充这份清单的内容。需要注意的是菲尼斯此处所说的“信仰”，并不是指有组织的宗教，而是指精神体验的需要。菲尼斯用下列九项“实践合理性的基本要求”将这七种基本善结合了起来：

1. 对善的积极追求

2. 前后连贯的生活规划

3. 对价值的偏爱不武断

4. 对人的偏爱不武断

5. 客观与承诺

6. 与结果的关系（有限）：理性中的效率

7. 每次行动中对每种基本价值的尊敬

8. 对共同善的需求

9. 遵循良心行事

这两份清单共同构成了普遍永恒的"自然法原则"。菲尼斯表明，这个观点符合托马斯·阿奎那所信奉的自然法的一般概念。并且，他还声称这个观点不会成为休谟不可知论（见前文）抨击的对象——这些客观善是不证自明的；它们并不是从关于人性的任何描述中推断出来的。比如，"知识"比无知更可取是不证自明的。即使我驳斥这个观点，主张"无知是福"，不管愿意与否我也将不得不承认我的观点是有价值的，因此就得承认知识确实是好的，这样便陷入了自我驳倒的境地！

菲尼斯认为，自然法理论最为重要的基本原理似乎是确定"对人类而言何者为真正的善"。只有形成一个共同体我们才能追求人类善。领导人的权威正源于他为那个共同体的最大利益服务。因此，如果他制定不公正的法律，这些法律由于阻碍了共同善的实现，因而缺乏直接的道德约束力。

通过诉诸共同善的概念，菲尼斯也逐渐形成了自己的正义观。他主张的正义原则仅仅意味着人们应当促进其共同体的共同善这样一种普遍要求。基本善和方法论上的要求应当阻止大多数形式的不正义的产生；它们产生了几条绝对义务，这些绝对义务与绝对天赋权利相关联：

> 我认为，没有其他选择而只能在想象中维持人们在共同体中的性格、行为和互动的某种模式或者一系列模式，然后选择趋于支持该种模式或者一系列模式的对权利的详述。换言之，**在促进而非阻碍个人兴旺的某种形式的（或者一系列形式的）公共生活中，人们需要具有某种人类善的观念。**人们不仅关注在抽象意义上或者个别意义上可取的性格类型，而且也关注人与人之间互动关系的性质；人们不应试图实现某种模式化的“目标状态”，这种“目标状态”是对个人行动与互动过程抽象化的一种想象。而个人行动与互动过程对人类善来说是不可或缺的一部分，它使得未来难以逆料，更不用说去评价未来了。

这段话抓住了菲尼斯天赋权利观的实质。它包含了如下权利：不受酷刑、不将人的生命作为实现其他目的的手段、不受瞒骗、不因明显虚妄的控诉而被宣告有罪、不被剥夺生育能力以及“在对共同善所要求的事项进行评价的过程中获得恭敬考虑”的权利。第四章将对正义的概念做进一步分析。

菲尼斯强调，自然法的第一条原则并不是从任何事物——包括事实、深思熟虑的原则、对人性或者善恶本性的形而上学的陈述或者自然的目的论观念——中演绎式地推导出来的。在菲尼斯看来，阿奎那解释得很清楚：我们每个人“可以说通过从内心深处体验自己的本性”以及“通过一种本真的非推论性理解”来领会“个体体验到的趋向的目标是一种普遍形式的善的个例，我们自己是如此（他人亦然）”。对阿奎那而言，去探究在道德上何者正当就是去追问何者**合理**，而非追问何者与人性相一致。

自然法的核心主张遭到法律实证主义者的抵制，他们否认一个规范的法律效力**必定**要依赖其本质的道德性。下一章将考察这种观点。

第二章

法律实证主义

设想一下一个强有力的君主向其臣民颁布命令。臣民有义务按照君主的意愿去行事。法律即命令的观念是古典法律实证主义的核心思想，并得到该流派两位伟大的旗手杰里米·边沁和约翰·奥斯丁的支持。现代法律实证主义者对法律的概念这个问题采取了一种相对而言更为复杂深奥的态度，但和其卓越的前辈一样，他们也否认上一章所述的自然法学关于法律和道德之间存在关联的观点。自然法学家主张法律由一系列的命题组成，这些命题是通过一种推理的过程从自然中引出的。法律实证主义者对自然法学家的这个观点提出了强烈反对。本章将对这一重要法律理论的主要内容进行阐述。

“实证主义”（positivism）一词源于拉丁文*positum*，意思是指制定或颁布的法律。一般而言，法律实证主义的核心观点是任何法律的有效性都要上溯至一个客观的、可确证的渊源。简言之，如同科学实证主义，法律实证主义拒斥自然法学家所持的以下观点，即法律独立于人的立法行为而存在。通过本章的阅读我们将清楚地发现，边沁和奥斯丁的早期法律实证主义认为法律源自主权者的命令。H. L. A.哈特注意到一种承认规则，这种规则将法律与其他社会规则区分开来。汉斯·凯尔森则证明了一种使宪法有效的基本规范。法律实证主义者还经常声称把法律和道德联结起来毫无必要，对法律概念的分析则是值得研究下去的，并且这种分析与社会学和历史学的探究以及严格的价值评判是截然不同的（尽管并非是对立的）。

法律实证主义者之间最重要的共同观点是，出于研究与分析的目的，制定法应当与道德上应然的法律区分开来。换句话说，必须在“应当”（道德上可取的）与“是”（实际存在的）二者之间划分清楚。但由此并不能得出结论认为法律实证主义者对道德问题无动于衷。大多数实证主义者都批评现存的法律并且提出一些方法来对法律进行改革，这些通常都涉及道德判断。但实证主义者的确都认为，分析和理解法律的最有效方法是暂不进行道德判断，直到我们确定我们试图去弄清楚的是什么。

人们经常认为法律实证主义者持有这样一种主张：不正义或者邪恶的法律也是法律，因此必须得到服从。法律实证主义者并不必然认同这种主张。实际上，边沁和奥斯丁都承认不服从恶法是正当的，如果这种不服从能促进现状改善的话。用现代最重要的法律实证主义者H. L. A.哈特的话说：

> 证明某物在法律上有效并不是服从问题的决定性因素，……不管君王的光环多么耀眼，也不管官方体制的权威有多大，他们的要求最后都必须接受道德的审查。

对哈特和边沁来说，这是法律实证主义的一个主要优点。

图4　杰里米·边沁：法哲学中的路德？

法律即命令：边沁和奥斯丁

杰里米·边沁的巨著为实证主义法学以及对法律和法律制

度进行的系统分析做出了卓越贡献。他不仅试图去揭露他那个年代的陈词滥调，构建一个建立在功利原则基础上的法学、逻辑学、政治学和心理学的综合理论，而且还尝试在几乎每个问题上对法律进行改革。他猛烈批评普通法及其理论基础。在启蒙精神的推动下，边沁试图让普通法服从理性。他努力剥去法律的神秘外衣并以他特有的犀利文风揭示法律的庐山真面目，声称诉诸

图5　边沁认为英国的法官不公正、腐败，而且变化无常

自然法不过是“伪装的个人观点”或者“仅仅是自命为立法者的看法”。

边沁认为，普通法的不确定性是其特有的缺陷。不成文法在本质上含糊不清且难以预测，它无法提供一种可靠的公开标准，使人们对其拥有合理预期以指导行为。普通法的这种混乱情况必须系统地加以处理。在边沁看来，这很简单，就是要进行法典编纂。法典将有效削减法官的权力，法官的任务因此将更多地表现于执行法律而非解释法律。同时这也会减少对律师的需求：法典无须法律顾问的帮助也易于理解。不像大陆法系采用以罗马法为基础的拿破仑法典已有很长的历史，在普通法世界进行法典编纂仍然是一个梦想。

约翰·奥斯丁（1790—1859）在1832年边沁逝世那一年出版了其主要著作《法理学的范围》。作为边沁的弟子，奥斯丁的法律观建立在命令或责任的理念上，尽管他并没有过多详述什么是命令或责任。虽然这两位法理学家都强调人们对主权者权力的服从，但奥斯丁的法律定义强调对行为的控制，这个定义有时被认为对刑法以外的领域并没有太多涉足。他把命令等同于法律的标志，这导致其对法律的界定较之边沁所采纳的定义限制更多，边沁试图制定一种单一、完全的法律，这种法律能充分表达立法机关的意志。

但二者都关注法学研究范围的限定，因而都能说明和解释法律的主要特征。然而，就奥斯丁而言，“确切意义上的法律”的涵盖面要比边沁的狭窄得多，只包含两类：神法和人法。人法（由人制定并适用于人的法律）进一步分为制定法或者“严格意义上”的法律（由政治地位高的人制定或者按照法定权利制定的法律）以及不是由政治地位高的人制定或者不是按照法定权利制定的法律。“非确切意义上的”法律则分为类推的法律（如时尚法律、宪法和国际法）和比喻的法律（如万有引力定律）。类推的法律以及不是由政治地位高的人制定或者不是按照法定权利制定的法律仅仅是一种“实在道德”。只有制定法是法学的确切研究领域。

边沁是一个功利主义者（参见第四章）和法律改革家，这一点人们最为了解。但他始终坚持要把“说明性的”法学和“审查性的”法学区别开来。前者论述实然，后者则描述应然。奥斯丁无条件地保留了这个区分，但他的分析在范围和目的上都较边沁要狭窄得多。

尽管两人都坚持功利主义道德并在法学的性质、功能和普通法传统的重大不足方面持有许多相似的观点，但他们在学科研究的一般方法上存在着几个重大区别。尤其是，边沁坚持一种单一完全的、能充分表达立法机关意志的法律观。他试图说明一个单一的法律如何生成一种单一的违法行为，这种违法行为的定义是法律承认的违法行为中含义最狭隘的一种。

奥斯丁则把其对法律体系的规划建立在权利的分类上，他不受寻求一种“完全的”法律的想法困扰。同样，在追求为一组涵盖广泛的法律和“立法艺术”的要素提供一种规划的过程中，边沁详述了一种复杂的“意志逻辑”，奥斯丁则试图构建一种法律科学，并没有花时间去研究边沁的立法艺术。边沁努力设计出一些方法，试图以此来对专断权力，尤其是法官的专断权力进行限制，奥斯丁则并不那么操心这些问题。

奥斯丁法学主张的一个特征是，法律的概念即主权者的命令。任何事物如果不是一个命令就不是法律。只有一般性的命令能算作法律，只有源自主权者的命令才是“制定法”。奥斯丁坚持主张法律即命令，这就要求其把习惯法、宪法和国际公法排除在法学范围之外，因为无法确定一个明确的主权者作为这些规则的创制者。因而，在涉及国际公法时，主权国家就恶名昭彰地随意漠视这类法律的要求。

然而，对边沁来说，命令仅仅是主权者制定法律的四种方法之一。他区分出命令或禁止某种行为的法律（强制性法律）和许可某种行为的法律（许可性法律）。他主张所有法律都既是刑法又是民法，即使在财产权方面也有刑事的因素。边沁试图表明，没有施加义务或制裁的法律（他称之为“民法”）不是“完全的法律”，而仅是法律的局部。另外，由于其主要目标是要创造一部法典，他主张刑法和民法两个分支法律应当分别制定。

命令与制裁的关系对奥斯丁而言也同样重要。实际上，他的那个命令概念本身就包含了一种可能性，即如果不遵守命令就会招致制裁。但何谓制裁？奥斯丁将制裁界定为一种损害、痛苦或者灾祸，施加制裁的条件是某个人未能按照主权者的愿望行事。必定存在某种现实可能性，即任何人如果违反了命令就要受到制裁。只需存在一种最小的损害、痛苦或者灾祸的**威胁**即可，但除非有一种制裁如影随形，否则单纯的愿望表达便不是一个命令。因而义务是根据制裁来界定的：这是奥斯丁命令理论的核心原则。制裁的可能性总是不确定的，但奥斯丁却由此得出一个不甚令人满意的观点，即制裁包含了“招致最小灾祸的最小可能”。

由一个主权者来颁布命令的思想贯穿边沁和奥斯丁二者的理论。值得注意的是二者都把主权者的权力视作由人们普遍遵从其法律的习惯所构成。但奥斯丁坚持主张主权的不可仿制和不可分割，边沁则因注意到联邦制度的存在而承认最高立法权可受到他所称的明示协定的限制与分割。

在奥斯丁看来，命令除了四个特征（愿望、制裁、愿望的表达和一般性）外，还要加上第五个特征，即可确认的政治上级，或称主权者，这个上级的命令要得到政治下级的服从，而他不必服从任何人。奥斯丁对全能立法者的强调曲解了对立法机构立法权施加宪法限制的法律制度，也曲解了在中央联邦立法机构和州或省（如美国、加拿大或者澳大利亚）的法律制定机构之间进行分权的法律制度。边沁则承认了对主权可以进行限制或划分，并且承认了（尽管不情愿）对立法行为进行司法审查的可能性。

奥斯丁关于“确切意义上的法律”应限于主权者的命令的观点使他把主权观建立在社会成员采取的服从态度之上。并且，主权者必须是确定的（例如主权机构的组成必须明确），因为“没有任何模糊不清的主权者能发出明示或默示的命令，或得到人们的顺从或臣服”。这导致奥斯丁引人瞩目地拒绝承认国际公法、习惯法和许多宪法为“法律”。

此外，由于强调制裁是法律概念不可或缺的要素，奥斯丁只能按照制裁来界定义务：如果主权者表达了一种愿望并有权施加灾祸（或制裁），个人就有义务按照那种愿望去行事。“愿望”与“愿望的表达”的区别类似于议案与法律的区别。

奥斯丁把义务与制裁联系起来的做法受到很多人的批评，尽管他可能只是在试图表明——在一种正式意义上：只要存在义务，对义务的违反都会导致制裁。换句话说，他并不一定是在试图解释法律为什么得到服从或者法律是否应当得到服从，而是试图解释法定义务什么时候存在。不过，他无疑赋予了义务概念一种无根无据的重要性。法律经常并不是施加直接义务，如法律在促成结婚、缔约与立下遗嘱时。我们没有义务做这些事，但很明显它们是法律的一部分。H. L. A.哈特称它们为“授权”规则（参见下文）。

边沁的研究方法则没有奥斯丁的那么武断。他承认主权者的命令即使在缺乏奥斯丁意义上的制裁时也同样构成法律。按照边沁的看法，法律既包括惩罚（“抑制性目的”）也包括奖赏（“诱惑性目的”），但它们无法说明什么是法律，什么不是法律。

边沁和奥斯丁为现代法律实证主义打下了基础，但他们的观点已经在相当程度上为当代法律实证主义者所提炼、发展甚至扬弃。本章的剩余部分将概述当代法律实证主义者中三位主要领头人物的理论路径：H. L. A.哈特、汉斯·凯尔森（1881—1973）以及约瑟夫·拉兹（1939—　）。

法律即社会规则：H. L. A.哈特

H. L. A.哈特将分析哲学，尤其是语言哲学的方法适用到法学研究中，详细勾勒出现代法律理论的范围，并因此受到赞誉。哈特的研究工作阐明了法律概念的涵义、我们使用这些法律概念的方法以及我们思考法律和法律制度的方式。比如说，享有一种“权利”是什么意思？何谓法人或者义务？哈特声称除非我们理解法律形成、发展的概念背景，否则我们就无法确切理解法律。例如，他主张语言有一种“开放式结构”：语词（规则由此也是）有许多清晰的含义，但总是存在一些“模糊不清”的情况，此时这个词是否适用并不确定。哈特的著作《法律的概念》于1961年出版，该书是一本法律理论的杰作，对世界上许多法理学家的研究起到了促进作用。

哈特的实证主义与边沁和奥斯丁关于法律很大程度上体现了一种强制性的描述大相径庭。哈特将法律理解为一种社会现象，它只能通过对一个社群的实际社会实践进行描述来予以理解。哈特认为，一个社群要存续下去，就需要有某种基本规则，他称之为“最低限度的自然法”。这些基本规则产生于人类的境况，这种境况体现了如下本质特征：

“人类的易受攻击性”：我们每个人都容易受到身体攻击。

“近似平等”：即使最强者有时也必定要休息。

“有限利他主义”：我们一般情况下都是自私的。

图6　H. L. A.哈特：现代法律实证主义之父

“有限资源”：我们需要衣、食、居，而这些资源是有限的。

“有限的理解与意志力”：不能指望我们与同伴合作。

人类的这些弱点要求制定规则以保护人身与财产，同时确保承诺得到遵守。但尽管哈特使用了“自然法”这个通常的说法，他却并不是指法律源于道德或者在这二者之间存在必然的概念上的关联。他也不是说这个最低限度的自然法能确保一个公平正义的社会。哈特的法律实证主义既摆脱了功利主义（参见第四章），也摆脱了边沁、奥斯丁支持的法律命令说的束缚。就后者而言，哈特对其加以拒斥的原因是，他认为法律不仅仅是持枪歹徒的命令：由制裁所支持的命令。

哈特理论的核心是存在着官方承认的、规定立法程序的基本规则。其中最重要的基本规则被哈特称为承认规则，该规则是一个法律体系中最基本的宪法规则，被执法者视为详细规定着判定一个规则是否确实是一个规则的有效性条件或标准。

哈特把法律分解成一种规则体系。他的论证如下：所有社会都有社会规则；这些规则包括与道德、比赛等相关的规则，也包括施加义务或责任的义务规则；后者可分为道德规则和法定规则（或法律）。由于上面指出的我们人类的若干局限，义务规则在所有社会都是必要的。法定规则可分成主要规则和次要规则。前者禁止使用暴力、实施偷窃和欺诈，虽然人们很想去做这些事情，但如果他们要在比邻状态下共存则必须抑制自己不做这些事情。原始社会的规则通常就局限于这些施加义务的主要规则。随着社会日渐复杂，很明显需要改变主要规则，裁判违规行为，并确认哪些规则真正属于义务规则。现代社会满足这三种要求的途径是分别引进三类次要规则：变革规则、裁判规则和承认规则。与主要规则不同，前两种次要规则一般情况下并不施加义务，而是赋予权力。然而，承认规则似乎确实施加了义务（主要针对法官）。我将在下文对这一点进行详述。

法律体系的存在要求对两个条件必须加以满足。首先，有效的义务规则必须得到社会成员的普遍遵守；其次，官员必须认可变革规则、裁判规则，并且要“从内心”认可承认规则。

正如已经指出的那样，哈特否认奥斯丁的规则即命令的概念，也否认一种观念，即认为规则是仅存在于可观察的外部行为或习惯中的现象。相反，哈特让我们考虑规则的**社会**维度，即社会成员感知相关规则的方式，他们对规则的态度。这个“内心的”视角把规则和纯粹的习惯区别开来。

因而，用哈特的例子来说，下象棋的人除了有相似的习惯以同样的方式去移动王后外，对这种移动棋子的方式也有一种“批判的反思态度”：他们每个人都将此看作所有下象棋的人奉行的**标准**。他们在评价其他棋手的时候表明这些观点，并在自己受到批判的时候承认这种批判的正当性。

换句话说，为把握规则的本质，我们必须从**体验**规则或评判规则的人的视角来对其进行审查。哈特还运用“规则”的概念来区分“被强迫”与“有义务”。当持枪歹徒问你“要钱还是要命？”时，你的服从是**被迫**的，但哈特说，你没有**义务**去服从——并没有规则对你施加义务。

在论述了主要规则的性质和目的后，哈特试图表明每个法律体系都包含三种次要规则。第一种他称为变革规则。这类规则推动对主要规则和某些次要规则（如下文的裁判规则）的立法和司法变革。这种变革的程序由次要规则调整，这些次要规则将权力授予个人或团体（如国会或议会）以按照某种程序来立法。变革规则还将权力授予你我来改变我们的法律地位（如通过立下契约、遗嘱等）。

其次是裁判规则，它赋予个人（如法官）对违反主要规则的情况进行判断的权威。这种权力通常还与惩罚作恶者或者强迫作恶者为恶行付出代价的一种后续权力结合在一起。

第三是承认规则，它被用来确立判别一个法律体系中的所有规则是否具有法律效力的标准。如上所述，与其他两类次要规则不同，承认规则在某种程度上似乎是施加了一定的义务：它要求行使公共权力的人（尤其是法官）遵循某种规则。哈特主张，仅当规则满足由承认规则所设定的标准时，它才成为法律体系中有效的一部分。哈特用巴黎的标准公尺棒（过去一公尺的权威标准）做比喻，认为承认规则的效力是毋庸置疑的。它既非有效也非无效，而是被公认为正确的标准。

按照哈特的说法，法律体系只有在有效的主要规则得到服从且政府官员认可变革规则与裁判规则时才得以存在。用哈特的话来说：

> 断言法律体系存在是一种“脸朝两面的”陈述，它既要注意普通公民的服从，也要指望官员认可次要规则作为公务行为严格的共同标准。

作为社会的普通成员，你我无须认可主要规则或者承认规则；仅仅是**政府官员**需要从“内心的角度”来这样做。这是什么意思呢？哈特的回答如下：

> 应当存在一种对作为共同标准的某种行为模式的批判性反思态度，这是必要的；在批判（包括自我批判）和遵守模式的要求中展现其自身并且承认这些批判和要求是正当的，这也是必要的；所有这些通过规范性的术语“应当”“必须”“应该”以及“对的”“错的”而典型地表述出来。

规则的这种“内心”维度因而就把社会规则同纯粹的团体习惯区分开来。认可次要规则时，政府官员无须赞成它们。在一个不公正的法律体系中，法官会厌恶要求他们去适用的规则，但当他们认可这些规则时，就满足了哈特所说的法律体系存在的条件。

哈特承认，如果一个法律体系不能获得普遍的赞成，则它在道义和政治上都将遭到反对。但这些道义和政治标准并不被看作“法律体系”这一概念的识别特征。一个法律体系的效力由此便独立于其实效。一个完全没有效率的规则也可以是一个有效的规则——只要它源自承认规则。但作为一个有效的规则，这个规则所隶属的法律体系整体上肯定是有效率的。

法律即规范：汉斯·凯尔森

汉斯·凯尔森在他复杂的“纯粹法理论”中就我们应如何理

解法律详述了一种深奥而意义深远的观点。他强调，我们的做法应当是将法律理解成一种“应然”体系或者**规范**体系。凯尔森的确承认法律也包含由这些规范决定的法律行为，但法律的本质特征来自规范——包括司法裁决和法律业务（如合同和遗嘱）。甚至最一般的规范也描述人的行为。

受18世纪伟大哲学家伊曼努尔·康德的影响，凯尔森承认，我们只有运用实际上不“存在”的某种形式范畴（如时间和空间）才能理解客观现实：我们通过应用这些范畴来理解世界。同样地，我们要理解“法律”也需要借助形式范畴，比如基本规范——或者根本准则（*Grundnorm*），这个基本规范正如其名称所指的那样，是所有法律制度的基础（参见下文）。凯尔森认为，与物理学或化学相比，法律理论也同样是一门科学。因此，我们需要去掉道德、心理学、社会学和政治理论等杂质对法律的影响。凯尔森因而提出一种伦理净化的建议，有了这种净化我们的分析将直接导向制定法规范：“应当”（oughts）这一规范宣告，如果实施某种行为（X），则公职人员就会对违法者施加某种制裁（Y）。凯尔森的“纯粹”理论由此便排除了那些我们无法客观知悉的东西，包括法律的道德、社会或者政治功能。法律只有一个用途：对暴力的垄断。

凯尔森的规范概念蕴涵了某事应当如何或者应当发生的前提——尤其是个人应当以某种特定方式行事。因此，“应当把门关上”这句陈述和红色交通信号灯二者都构成规范。但是，要成为有效的规范，一个规范还必须得到另一个规范的授权，后者相应地也必须得到法律体系中更高的法律规范的授权。凯尔森是极端的相对主义者：他驳斥规范中存在着价值这种观点。在他看来，所有规范对相关的个人或团体而言都是相对的。

政府通过制定规范确定我们的行为是否合法来实现对社会秩序的促进。凯尔森认为，如果未能遵守这些规范，人们就会受到制裁，而制裁也是这些规范所规定的。因此，法律规范不同于其他规范之处就在于前者规定了制裁。法律制度建立在国家强制力的基础之上；法律规范的背后是暴力威胁。这就把收税员同抢劫犯区分开来。二者都要你的钱，换句话说，二者都要求你**应当**全部付清。二者都表现出一种意志的**主观**行为，但只有收税员的行为是**客观**有效的。何故？凯尔森说，因为人们并未把抢劫犯强制命令的主观意图解释为其客观意图。为何不这样解释呢？因为并没有预设任何基本规范，根据这样的规范人们应当遵守这种命令。为什么没有呢？因为抢劫犯的强制命令缺乏“持久效力，没有这种效力就不能预设任何基本规范”。这就表明了在凯尔森的理论中有效性与效力之间的基本关系，这一点将在下文予以探讨。

因此，凯尔森的法律制度模式是一连串相互连接的规范，这些规范从最一般的“应当”（如应当按照宪法规定来实施制裁）推进到最特别的或最“具体的”应当（如查尔斯负有契约义务为卡米拉割草）。在这种等级制度中，每个规范都从另一个更高的规范那里获得其有效性。所有规范的有效性最终都建立在基本规范之上。

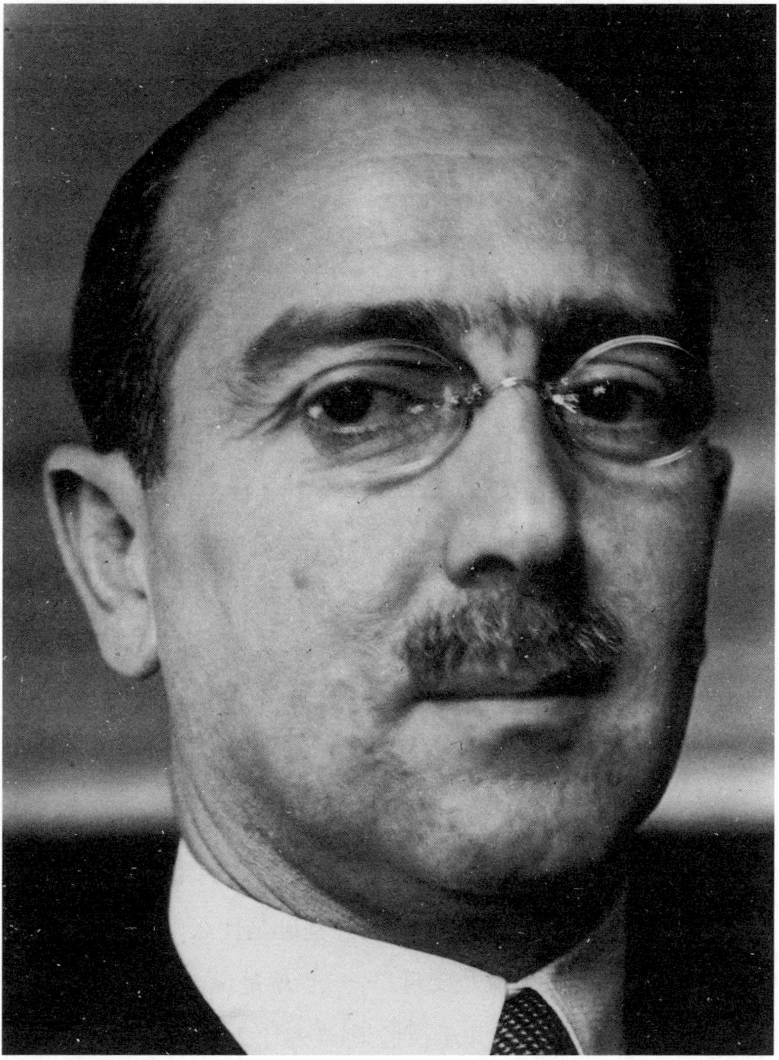

图7　汉斯·凯尔森试图把伦理因素从法律理论中清除出去

由于所有规范的有效性都依赖于一个更高的规范，这个更高规范的有效性又相应地依赖于另一个更高的规范，我们最终就达到了一个不能再往前追溯的临界点。这就是基本规范，或者说根本准则。所有规范都源自这个基本规范并且在“具体性”程度上逐步增强，一国的宪法本身亦然。从定义来看，基本规范的有效性不可能依赖于其他任何规范，人们因而只能对基本规范进行预设。凯尔森主张，缺少这种预设，我们就无法理解法律秩序。基本规范虽然存在，但只存在于“法学家的意识”中。它是一种假定，使法学家、法官或者律师对法律体系的理解成为可能。然而，对基本规范的选择并不是任意的，而是要顾及作为一个整体的法律秩序是否“在大体上”是有效的。其有效性取决于其效力。换言之，基本规范的有效性并不依赖其他的规范或者法律规则，而只是一种**假定**——为了纯粹性这一目的。因此它是一种假设，一种完全形式化的构造。

凯尔森用一个宗教上的比拟来阐明基本规范的性质，在这个例子中，父亲教导儿子去上学。对这一个体性规范，儿子回复道：“为什么我应当去上学？”换句话说，他在问为什么他父亲的意志行为的主观意图就是其客观意图，即对他有约束力的规范——或者同样的意思：这个规范的有效性基础是什么？父亲回答说：“因为上帝命令儿女们服从父母”——也就是说，上帝授权父母可以对孩子们发出命令。儿子反驳道：“为什么人们要服从上帝的命令？”用凯尔森的话来说，儿子是在问为什么上帝意志行为的主观意图也是其客观意图，即一条有效的规范；或者说，这条一般规范的有效性基础是什么？对这个问题唯一可能的答案是：对于一个信徒而言，人们预设了任何人都应当服从上帝的命令。在信徒的思想中，为了给宗教道德规范的有效性提供依据，就必须预设一条规范的有效性，上面的例子就论述了这一点。这条预设的规范就构成了一种宗教道德的基本规范，该规范是这种道德所包含的一切规范之有效性的根据——一种“基本的”规范，因为不能对其有效性的根据再提出质疑。这种陈述不是一种实证规范，即不是由意志的实际行为所设定的规范，而是在信徒的思想中预设的。

基本规范的设定旨在拥有两种主要功用。首先，它帮我们区分强盗的要求和法律的要求。换句话说，基本规范使我们能把一条强制性命令视作客观有效的。其次，它解释了一条法律命令的一致性和统一性。所有有效的法律规范都可被解释成意图不矛盾的主题。

凯尔森对基本规范的表述如下：

> 强制性命令应当根据历史上第一部宪法——以及按照宪法所创制的规范——所规定的条件和方式得到执行（简言之，人们应当按照宪法的规定行事）。

作为一种纯粹的形式构造，基本规范并没有详细明确的内容。凯尔森认为，任何人类行为都可以成为法律规范的主题。不能仅仅因为其规范的内容而否定一条明确的法律命令的有效性。

由于凯尔森主张整个法律秩序的效力是其内部每条规范之有效性的一个必要条件，一个法律体系的存在因此就暗含了这样一个事实：其法律通常得到遵守。在《纯粹法理论》一书中，凯尔森直接谈到这个问题："每一条大体上得到实施的强制性命令都可被解释成一条客观上有效的规范性命令。"但这里有一个问题。我们如何知道法律是否实际上得到遵守或者被漠视？用凯尔森的话来说，我们如何检验法律是否"大体上"具有效力？许多人会说法律命令有无效力是一个有赖经验判断的问题，是我们可以见证或观察的。然而，纯粹法理论却不屑于这种"社会学"调查。

凯尔森也回避考虑法律为何具有效力的原因（其合理性、优良性等）。如果法律命令的有效性要求其基本规范具有效力，则必然导致的结果是，当法律体系的基本规范不再得到普遍支持时，法律就不存在了。这便是当一场革命成功后所发生的事情。凯尔森认为，现有的基本规范不再存在下去，并且一旦革命政府的新法得到有效执行，法学家就将预设一个新的基本规范。这是因为基本规范不是宪法，而是一种推定，即变化了的情势应当在事实上得到承认。

凯尔森的观点被一些国家的法院所援引，这些国家都经历过革命，其中包括巴基斯坦、乌干达、罗得西亚[①]和格林纳达。

① 津巴布韦的旧称。——译注

法律即社会事实：约瑟夫·拉兹

对牛津哲学家约瑟夫·拉兹的著述不适合做简单地勾勒。作为一个“强硬派”或者“排他主义者”领军人物的法律实证主义者，拉兹主张法律体系的特征和存在可通过诉诸三个要素来检验：实效、制度特性和渊源。基于这样一种观点，即合法性不依赖于道德价值，法律被抽去了道德内容。如H. L. A.哈特这样的“温和”法律实证主义者则否认这种观点，并承认道德内容或价值可以作为有效性的一个条件被包括或结合进来。因此他们也被称为“结合主义者”。

然而，拉兹主张，法律是独立自主的：我们无须求助于道德即可确定其内容。法律论证则并非独立自主的，它是司法论证的一个必然和可取的特征。对拉兹来说，每部法律的存在和内容都可由对习俗、制度和法律体系参与者之意图的**事实**探究来确定。“什么是法律？”这个问题的答案永远是一个事实而不是一种道德判断。这就将拉兹归入了“强硬”或者“排他”的法律实证主义者之列。之所以“排他”，是因为我们之所以认为法律有权威在于这样一个事实：法律能以道德所不能的方式去指引我们的行为。换言之，法律维护着其自身所具有的一种优于所有其他行为准则的首要地位。法律是权威最终的源泉。因而，法律体系是有权威的规则中最精华的部分。正是这种对权威的主张成为法律体系的标志。

拉兹辨别出由法律实证主义者所坚持、受到自然法学家抨击的三项主要主张：

“社会命题”：法律可被识别为一种社会事实，与道德考量无涉。

“道德命题”：法律的道德价值既非绝对也非固有，而是视“法律的内容和法律所适用的社会环境”而定。

“语义命题”：规范性术语如“权利”和“义务”在道德和法律背景中的使用是不一样的。

拉兹只承认“社会命题”，其基础是确认法律体系的三个公认标准：实效、制度特性及渊源。道德问题并不包含在这三个标准之中。这样，法律的制度特征便只是意味着根据法律和某些制度（例如立法机构）的关系来识别法律。任何事物——不管其在道德上是否被接受——只要不被这样的制度承认就不是法律，反之亦然。

拉兹实际上假定了一种更彻底的“社会命题”（“渊源命题”）来作为法律实证主义的本质。他证成渊源命题的主要理由是它解释了法律的一个主要功能：以某种方式来设定约束我们的标准，在这种方式下，我们不能以质疑该标准的理论基础作为不予遵守的托辞。

正是主要基于对社会命题的承认以及对道德命题和语义命题的否认，拉兹找到理由来反对一种服从法律的一般道德义务的存在。为得到这个结论，拉兹批判了三种支持法律的道德权威的论证。首先，经常有人认为，要想如实证主义者所做的那样区分法律和其他的社会控制形式，就要忽略法律的功能；并且，由于对功能的描述不可能以一种不带价值偏好的方式进行，对法律功能的任何论述都必定包含道德判断——从而违反社会命题。拉兹认为，虽然法律确实包含某种功能，但他自己对法律功能的分析是价值中立的。

其次，拉兹也不承认法律的内容不能由社会事实单独确定：例如，由于法庭不可避免地要依靠明显的道德考量，它们由此便在不知不觉地确定法律实际上是什么。尽管拉兹承认对道德的关注确实成为裁决的一部分，但他坚持认为这对任何一种建立在某种渊源基础上的体系来说都是不可避免的。在拉兹看来，这并没有确立反对渊源命题的个例。最后，人们有时会认为法律的特别之处在于其遵从法治理想，即没有人能逾越法律，有人由此确信这表明法律的确是道德的。拉兹试图驳斥这一主张，他认为，遵从法治减少了行政权力的滥用，但并没有赋予法律一种独立的道德价值。对拉兹来说，法治是一种消极的德行——权力擅断的风险正是由法律本身造成的。因而拉兹的结论是，即使在一个公平正义的法律体系中，也不存在服从法律的初步义务。

第三章

法律即解释

法哲学的基础在1970年代因美国法学家罗纳德·德沃金的思想主张而动摇。德沃金在1969年继H. L. A.哈特之后出任牛津大学法学教授。法律实证主义的统治地位在接下来的三十年里受到了一种综合性的法律理论的全面冲击——特别在英国更是如此，这种理论虽然备受争议却又有高度的影响力。不管人们在何时就有争议的道德和政治问题展开辩论，德沃金的法律概念总是有相当强的权威，尤其在美国。无法想象对诸如美国最高法院的职能、堕胎问题或者自由和平等的一般问题等所进行的任何严肃分析能不考虑罗纳德·德沃金的观点。他那建设性的法律视角既是对法律概念的深刻分析，也是一种有很强说服力的诉求，要求支持法律的不断丰富和完善。

德沃金复杂深奥的哲学体系由许多部分组成，其中包括这样一个论点，即法律对几乎所有问题都提供了解决方案。这与传统的，即实证主义者的理解并不一致，后者认为当法官面对一个棘手的案件，而处理这一案件又没有任何法条或者先前的判例可适用时，他只能运用自己的判断力，根据他认为似乎是正确的答案来裁定案件。德沃金对这个观点提出质疑，并表明法官并不是在

图8　罗纳德·德沃金将法律看成一个解释过程，在这个过程中个人权利至高无上

造法，而是在**解释**法律文件中已经包含的内容。通过对这些文件的解释，法官表达了其对法律体系所致力追求的价值的看法。

要理解德沃金的关键命题，即法律是“无漏洞的”体系，可考虑如下两种情形：

一个没有耐心的受益人意欲谋杀立遗嘱人。是否应当允许他有继承的权利？

一个国际象棋特级大师以频频微笑来分散对手的注意力。对手提出抗议。那么，朝别人微笑是否违反国际象棋的规则？

棘手案件

这两种情况都是“棘手案件”，因为在这两种情况下都没有一种确定的规则来解决。这就使得法律实证主义者非常头疼，因为正如上一章讨论的，法律实证主义通常主张法律包含的规则是由社会事实决定的。然而在上述例子中，规则用尽了，只能通过一种主观的因而是潜在武断的判断来解决问题；这对律师而言无异于噩梦。

然而，正如德沃金主张的那样，如果与规则相比法律存在更多这样的情况，我们可以从法律本身找到答案。换句话说，诸如此类的棘手案件可以通过参考法律文件做出裁决，无须超出法律范围而允许主观判断的介入。

上面提到的关于遗嘱的难题来自纽约州1899年**里格斯诉帕尔默案**的判决。遗嘱最终被有效执行，凶手如愿以偿。但是一个杀人犯能否继承遗产这一点并不确定：遗嘱继承规则并没有规定可适用的例外情形。杀人犯因而应有继承遗产的权利。然而，纽约州法庭却宣判遗嘱继承规则的适用要受制于“不应当有人能从自己的违法行为中获利”这一原则。因此杀人犯不能继承受害人的遗产。德沃金主张，这个判决表明除了规则外，法律还包括**原则**。

在第二个难题中，德沃金认为需要裁判员来决定微笑是否违反了国际象棋的规则。规则并不会说话。因此裁判员必须考虑国际象棋作为一种智力技巧比赛的性质，这种技巧比赛是否包含使用心理威胁？换言之，他必须找到一种答案能最佳地“符合”和解释国际象棋的惯例。对于这个问题，将存在一个正确的答案。法官裁决一个棘手的案件时也同样如此。

本质使然，法律体系经常会产生诸如此类的有争议或者棘手的情况，在这些情况下，法官可能需要考虑是否超越法律是什么的严格字面意义来确定法律应当是怎样的。换句话说，德沃金致力于研究一种解释程序，在这种程序中，类似道德主张的论证起着非常重要的作用。法律的解释维度是德沃金理论的一个基本要素。他对法律实证主义的抨击基于这样一种前提，即法律实证主义提出的法律与道德相分离是不可能的。

因而对德沃金而言，法律不仅包括哈特所主张的规则，而且还包括德沃金所称的非规则标准。当法庭必须裁决一个棘手的案子时，它就要利用这些（道德或者政治的）标准——原则和政策——来做出最后的判决。不存在任何区分法律和道德原则的承认规则——如哈特所述和上一章所讨论的。关于法律是什么的决定不可避免地要依赖道德和政治上的考量。

德沃金对法律论证的构想经过两个发展阶段。首先，他在1970年代主张法律实证主义未能解释法律原则在确定法律是什么这一点上的重要性。到了1980年代，德沃金进一步形成了一个更为激进的论点，认为法律本质上是一种解释性的现象。该观点有两个主要的前提。第一个前提主张，要确定在某个特定的案件中法律的要求，这就包含了一种形式的解释性论证。例如，声称法律保护我的隐私权不受《每日传言》的侵扰就等于推断出需要某种解释。第二个前提是解释总是伴随着价值评判。这如果是正确的，就几乎敲响了法律实证主义者道德和法律相分离命题的丧钟。

因此，法官就会利用原则来处理棘手案件，这些原则包括他自己对政治制度体系及其本人所处的社群决议之最佳解释的见解。他必须要问："我的裁决能否成为证成整个政治法律体系的最佳道德理论的一部分？"每一个法律问题都只能有唯一的正确答案；法官有义务去找到这个答案，当他的答案最符合其所处社会的制度和宪政历史时，在这种意义上，这个答案就是"正确"的，就是在道德上能得到证成的。法律论证和分析是"解释性的"，因为法律论证和分析试图给法律实践赋予一种最佳的道德意义。

德沃金对法律实证主义的批判，其关键根据在于他所关注的法律应当"认真对待权利"。权利优先于诸如社群福利等其他考量。正如哈特所称，如果一个棘手案件的最终结果取决于法官的个人看法、直觉或者强判断力的运用，那么这将严重危及个人权利。我的权利就会仅仅从属于社群的利益。相反，德沃金主张，我的权利应被认可为**法律的一部分**。因此他的理论为捍卫个人权利和自由提供了比法律实证主义所能提供的更强的力量。

德沃金在他那本著名的巨著《法律帝国》中发起了对“传统主义”和实用主义大规模的批判。前者主张法律是社会传统的一种功能，因此法律是指一种法定的传统。换句话说，传统主义声称法律不过是存在于某些传统（如高级法院的判决对下级法院有约束力）中。传统主义还把法律看作不完善的：法律存在着“漏洞”，因此法官就用其个人偏好填补这些漏洞。换句话说，法官运用了一种“强判断力”。

德沃金认为，传统主义对法律的论述既未能提供一个令人信服的对立法程序的说明，也未能足够有力地维护个人权利。在德沃金“作为整体的法律”的视角中（参见下文），法官必须把自己想象成普通法链条中的一个创造者，而非像传统主义者声称的那样是在表达他自己的道德或者政治信念，甚至也不是在表达那些他认为立法机构或大多选民会赞成的信念。正如德沃金所说：

> 法官知道其他法官已经对涉及相关问题的案子做出裁决，虽然这些案子不完全和他现在处理的案子一样；他必须把这些裁决想象成一段漫长历史的一部分，他必须自己判断如何使这段正在形成的历史尽可能最好，据此解释并延续这段历史。

按照德沃金的说法，实用主义者对过去的政治决议证成国家的强制力这一观点采取了一种怀疑的态度。相反，他们认为这种强制力的正当性在于法官行使该强制力的公正性、效率或者其他美德。这种观点未能认真地对待权利，因为它只是工具化地对待权利——权利本身没有任何独立的存在价值：权利仅仅是一种让生活变得更好的手段而已。实用主义者相信这样一种主张，即法官确实在做——而且应当做——任何对他们而言似乎是最有利于社群未来的裁决，他们并不认为仅仅为保持一致而与过去保持一致有价值。

只有德沃金所说的“作为整体的法律”（参见下文）为国家行使暴力提供了一个可接受的正当理由。他告诉我们，法律帝国“并不是由领土、权力或程序界定的，而是由态度界定的”。换句话说，法律是一个解释性的概念，它在最宽泛的意义上向政治表达主张。它采取一种建设性的态度，因为它试图改善我们的生活和社群。

原则和政策

德沃金在对司法功能的论述中要求法官把法律看成一张无缝隙的网，除了法律以外不会再有法律存在。而且，与法律实证主义者的观点相反，法律中也不存在任何的漏洞。法律和道德是紧密相连、不可分开的。因此不可能存在上一章所述的所谓确认法律的承认规则。哈特认为法律是主要规则和次要规则的联合，这个观点也并未提供一个严密的模式，因为它遗漏或者至少疏忽了原则和政策的重要性。

德沃金认为，虽然规则“要么无所不能，要么一无是处”，原则和政策却有其“重要性或重要价值”。换句话说，如果一个规则适用并且有效，法官就必须根据这个规则的指示来做出裁决。另一方面，原则提供了以一种特殊方式来裁决案子的理由，但并不是决定性的理由：法官必须根据体系中的其他原则来进行权衡。

原则与政策的不同点在于前者“作为一种标准被遵守的原因在于正义、公平或者道德的其他一些维度，而非因为它会促进或确保经济、政治或社会状况”。“政策”则是“那样一种标准，它确立起需要达到的目标，这种目标通常是改善社群的经济、政治或社会面貌”。

原则描述的是权利，政策描述的是目标。但是权利是“王牌”。与社群的目标相比，权利有一种“门槛的重要性”。权利不应受到与之相冲突的社群目标的压制。德沃金认为，每一个民事案件都会产生这样一个问题：“原告是否有胜诉权？”社群的利益不应当掺杂其中。因而，民事案件是按照原则来裁决的，并且也应当如此。即使一个法官似乎在提出政策作为论据，我们也应当认为他是在诉诸原则，因为他实际上在决定着社群成员的个人权利。因此，假如一个法官诉诸公共安全之类的理由来证成某种抽象权利，这应当被理解成是在诉诸一些人相冲突的权利，这些人的安全感会因为这种抽象权利的具体化而丧失。

在一个“棘手的案件”中——如里格斯诉帕尔默案中的行凶受益人（参见前文）——没有任何规则可以直接适用，法官必须适用规则以外的标准。理想的法官——被德沃金称为赫拉克勒斯——必须“构建一个由抽象和具体的原则构成的系统，从而为所有普通法判例提供一个连贯有序的正当理由，并且，为使这些判例能得到原则的证成，也需要创设一些宪法原则和法定原则”。当法律文件允许一种以上的连贯一致的解释时，赫拉克勒斯将按照最符合其社群“制度历史”的法律和正义理论来裁决。

如果赫拉克勒斯发现一个先前的裁决不“符合”他自己对法律的解释怎么办呢？假如这个判例是由一个高级别的法院做出的，而赫拉克勒斯无权否决这个判例，结果又会如何呢？德沃金称，赫拉克勒斯可以将这个判例看成一个“内含的错误”，然后把它限制为只具有“制定力”。这意味着它对将来案件的影响只能局限于其精确的字面措辞。然而，如果一个在先判决既没有被否决也不被认为是一个内含的错误，它就会产生德沃金所说的“重力”，即它所施加的影响将不限于其真实措辞：它将诉诸类似案件相似处理的公平原则。

德沃金声称，关于法律效力标准的论据严重削弱了传统主义（或法律实证主义）。正如我们在上一章中看到的，法律实证主义者通常满足于这样一个事实，即承认规则规定了X是法律。这样，一条规则的由来和发展过程就决定了它的效力。但德沃金却认为，法律效力的基础不能仅由承认规则中所蕴涵的标准来决定。这就构成了德沃金所说的法律实证主义的“语义学之刺”：法律实证主义者关于法律的争论实际上是针对“法律”这个词的内涵的语义争执。

然而，德沃金认为法律效力的概念并不仅限于按照承认规则所进行的法令公布。语义学理论对一种主张表示了质疑，这种主张认为存在着一种普遍标准，它能穷尽准确应用法律概念的所有条件。德沃金认为，这些理论错误地假定，除非存在着决定我们的诉求何时有效的标准，否则不可能出现有意义的分歧，即使我们无法准确说明上述标准的内容。

自由主义

德沃金的权利论建立在一种自由主义理论之上，这种理论源自这样一种观点，即“政府必须平等待民”。政府不能要求任何公民做出某种牺牲或对他们施加某种限制，这种牺牲或者限制是公民不可能接受的，除非他们放弃平等价值观。德沃金对政治道德的分析包含三个部分：“正义”、“公平”和“程序性正当程序”。“正义”包括理想的立法者认可的个人权利和集体目标两方面，这样的立法者致力于以同等的关切和尊重来对待公民。“公平”是指在做出影响公民的决定时保证所有公民发挥大致平等作用的程序。“程序性正当程序”涉及决定公民是否违反法律时的正确程序。

以政治自由主义为基础，德沃金多次抨击诸如以刑法强制执行私德的做法、财富是一种价值的观念以及声称“积极歧视”不公平的说法。

德沃金的目的是要“阐释一种法律的自由理论并为之辩护”。这也是他抨击法律实证主义、传统主义和实用主义的主要原因，因为所有这些理论都未能提供对个人权利最充分的辩护。只有“作为整体的法律”（参见下文）才提供了一种适当的辩护，从而能与工具主义就个人权利和一般自由提出的主张相抗衡。

德沃金法学理论中的一个关键的也是有争议的组成部分是它所主张的法律与文学解释的密切关系。德沃金认为，当我们试图解读一件艺术品时，我们努力按照某种特定方式来理解它。我们设法精确地描述著作、电影、诗歌或者图画。在力所能及的范围内，我们想要以一种**建设性**的方式来确定作者的意图。为什么亨利·詹姆斯要选择描写这些特殊的人物？他的目的是什么？为了回答这类问题，我们以自己特有的方式努力给出一个对小说最佳的说明。

德沃金认为，法律像小说或者戏剧一样，也需要解释。法官就像对一个不断发展的故事进行解释的人。他们承认自己所负的保持而非抛弃其司法传统的职责。他们因此提出了对自身在这种传统内的职责所做的最具建设性的解释理论，他们这样做是出于自己的信仰和直觉。因此我们应当把法官想象成参加连环小说创作的作者，每个人都要为小说写一章新的内容，而下一个作者则接着这一章开始写。每个小说家都试图用前面的章节构造一部独立的小说；他竭力去书写自己的那一章，这样最后的结果会连贯一致。为实现这一点，他对故事的进展程度就要有洞见：小说的人物、情节、主题、流派和总体叙述目的。他会设法在持续的创作中找到作品的意义，并找到一个能够证成的最佳解释。

作为整体的法律

作为一个对法律的前述章节做建设性解释的人，赫拉克勒斯这个超人法官将赞成对法律的概念所做的最佳说明。在德沃金看来，法律概念的最佳说明存在于他所称的“作为整体的法律”中。这迫使赫拉克勒斯去探究他对法律的解释是否能构成一个连贯一致的理论的一部分，这个理论能证明整个法律体系的正当性。什么是“整体”？德沃金对其重要成分做出了如下描述：

> 作为整体的法律全心全意地承认法律和法定权利……它假定法律的约束有益于社会，这种益处的实现不仅是通过提供一种可预测性或者程序公平，或者仅是以某些其他工具性方式惠及社会，而是**通过保护公民之间的一种平等来使其所在的社群更加真诚，并改进其行使政治权力在道德上的正当理由**……它主张权利和责任产生于过去的裁决，因而被认为是合法的，不仅当权利和责任由这些裁决清晰地表达出来时是如此，而且当它们源自由裁决以证成的方式预设的个人和政治道德原则时也是如此。

强制力的集体运用，只有在一个社会承认整体性是一种政治美德时才能得到辩护。这使其得以证成行使暴力垄断权的道德权威。整体性同样是防御偏私、欺骗和腐败的安全措施。它确保法律被理解为一种原则问题——平等对待社群的所有成员。简而言之，它是构成自由社会本质的价值和法治（或像德沃金现在所说的，“合法性”）的混合体。

我们为什么重视法律？我们为什么敬重那些坚持法律的社会，而且更重要的是我们为什么称赞它们对那些表现法治国家特点的政治美德的遵守？德沃金在其最新一本著作中提到，我们之所以这样做是因为虽然一个有效率的政府值得称赞，但还有一种更重要的价值是由合法性来实现的。对法律的道德合理性的关注是德沃金法哲学的主要内容。在很大程度上，这建立在一个相当不严密的“社群”或“社团”概念的基础之上。

一个认可整体性的政治社会变成了社群的一种特殊形式，因为它主张使用强制力的道德权威。整体性要求公民之间实现一种互惠，并要求承认他们之间“连带义务”的重要性。如果一个社群堪称真正的而非仅仅是一个“刚够格”的社群，它的社会实践就会产生真实的义务。这种情况发生于该社群成员认为他们的义务是特殊的（即适用于特定的群体）、个人的（即在成员间流转），并且建立在对所有人的福利予以同等关注的基础之上。当这四个条件得到满足时，“刚够格”社群的成员就获得了一种真正的社群义务。

德沃金政治合法性的思想建构于一个真正社群的概念之上。他认为，政治义务是连带义务的一种例证。要产生政治义务，一个社群必须是真正的社群。只有支持整体性观念的社群才能成为一个真实的、道德上合理的连带社群，因为其选择涉及义务而非赤裸裸的暴力。

司法功能与文艺评论程序的比较着重强调了法律的积极一面以及法官在其中的重要作用，而德沃金的作为原则联合体的政治社群是一个有着巨大吸引力的概念。这种情境很少有社会能实现，但人们希望很多社会能追求这样一个目标。

第四章

权利和正义

法哲学如果不对权利和正义这样的基本概念进行审视是难以想象的。权利——无论是法定的还是道德上的——贯穿法律和法律体系始终，因此是法学关注的核心概念之一。正义理念则既是国内法体系所宣扬的一种美德，也由于其对普世性的主张而追求超越法律本身。

个人和集体现在动辄主张他们享有对几乎任何事物的权利，并且很熟练地声称他们的权利受到了侵犯。政府和国际组织在保护和促进妇女权利、少数群体权利以及一般公民权利问题上承受了越来越大的压力。许多国家制定的权利法案都对法院施加了新的义务，要求他们承认那些或明或暗地得到保护的权利。

什么是权利？我所享有的得到法律承认的权利和我认为我应当享有的权利之间有没有区别？个人要求越来越多不同类型的人权会产生什么问题？当某些权利——比如劳动权利或者受教育的权利的实现要求相当大的财政支出时，坚持这些权利是否合适？

虽然法律理论努力寻找答案来回答这样一些问题，但其主要任务还在于阐明权利的概念并逐渐构建出一些理论来证明或解释权利的本质以及如何协调各种互相冲突的权利。

有两种主要的权利理论。第一种被称为“意志”理论，主张当我有权做某事时，得到有效保护的是我做或者不做这件事的选择权。它强调的是我的自由和自我实现。第二种理论被称为“利益”理论，主张权利的目的是去保护我的某种利益，而非个人的选择权。它通常被认为更好地说明了享有某种权利意味着什么。

赞成后一种理论的人提出了反对“意志”理论的两点理由。首先，他们驳斥权利的本质就是有权免除他人的责任这种观点。他们认为，法律有时虽然没有消灭我的实体权利，但还是限制了我弃权的权利（比如，我不能同意谋杀或者通过订立契约转让某种权利）。其次，在实体权利和执行权利之间存在着区别。因而很显然小孩子没有放弃这些权利的能力或选择权，但他们认为如果因此说小孩子没有任何权利则是非常可笑的。

霍菲尔德

任何对权利的分析，出发点通常都是美国法学家韦斯利·霍菲尔德（1879—1918）做出的著名分析。他试图阐明，“X有权做R”这个命题可指如下四件事之一。首先，它可以指Y（或者任何其他人）有义务允许X去做R；这实际上就意味着X对Y有一种**请求权**。他把这种请求权称为只是一种“权利”。其次，它可指X可以自由地做或不做某事；Y对X**不负任何义务**。他把这个称为“特权”（尽管通常被描述为“自由”）。再次，它可指X有能力（power）去做R；X只是自由地去做某个行为，这个行为改变了法定的权利义务或者一般的法律关系（比如出售其财产），而不管他有没有请求权或者特权去这样做。霍菲尔德在此意义上称其为"能力"。最后，它可提示X不必遵从Y（或者任何人）的权力去改变自己的法律地位。他把这个称为"豁免权"。

霍菲尔德认为，这四种权利中的每一种都有"相反方"和"对应方"（如同一枚硬币的两面），如下面方框所示。

霍菲尔德的"权利义务关系图解"

相反方	权利	特权	能力	豁免权
	无权利	义务	无能力	责任
对应方	权利	特权	能力	豁免权
	义务	无权利	责任	无能力

换言之，用霍菲尔德自己的例子来说，如果X享有某种指向Y的**权利**，即Y不得进入X的土地，则**对应的**（也即相当于）是Y有**义务**避开X的土地。**特权**的**相反方**是**义务**，其**对应方**则是**无权利**。因此，虽然X有**权利**（或者**请求权**）要求Y不得进入他的土地，X自己则有进入土地的**特权**，或者换言之，X并没有义务避开。

霍菲尔德主张，请求权（即通常意义上的权利）是与义务严格**对应**的。说X享有某种请求权就是说Y（或其他人）对X负有某种义务。但是说X享有某种自由并**不等于**说任何人对他承担某种义务。因而，如果X有戴帽子的**特权**（或自由），Y对X并不承担**义务**，而是**没有权利**要求X不戴帽子。换句话说，自由的对应方是无权利。同样地，能力的对应方是责任（即对某人的法律关系被另一个人改变承担责任），豁免权的对应方是无能力（即无力改变另一个人的法律关系）。

这种分析非常有影响力，尽管它也有一定的局限性。霍菲尔德的所有四种权利（用现代的话语来说，通常被称为请求权、自由、能力和豁免权）都是**指向某个或某些特定人**的权利。但如果说只要我承担某种义务，其他人就享有某种相应的权利，这看起来并不正确。反之亦然。如果你（或者其他人）不享有某种权利，我是否就真的不可能承担某种自己应该去履行的义务？例如，刑法对我施加了某种义务（比如说，要遵守道路交通规则），但我履行这些义务时，并没有特定人享有一种对应的权利。这是因为有可能存在着做某事的义务，但这种义务却不是对**某个人**承担的。例如，警员有明确的义务告发罪犯，但他并不是特别针对某个人承担这种义务，因而，这也就不会使任何人产生权利。

即使人们对**某个人**负有做某事的义务，这个人也不必然就享有任何对应的权利。例如，教师对其学生有一定的义务，但这并不必然赋予学生任何权利。同样，我们承认对婴儿或动物有某种义务，但许多人会主张这并不能得出婴儿或动物享有权利。相反，建立在对应性基础上的权利理论有一个好处，即某种权利，比如就业权的主张者必须确定谁有义务为他找到工作！

权利理论

我们生活在权利时代。人权、动物权、道德和政治权利在公共辩论中起着主要作用。但除了以权利为基础的理论，一些道德和法律哲学家采取的理论要么是以义务为基础，要么是以目的为基础。三者的区别值得关注，这种区别可阐明如下：你反对酷刑，因为这会给受害者带来痛苦（这以权利为基础），或者是因为酷刑贬损了施刑者的品质（以义务为基础），或者你可能认为酷刑只在影响了当事人以外的人的利益时才是不可接受的（以功利主义目的为基础）。

罗纳德·德沃金的法律理论立基于其权利命题之上（参见第三章）。权利是王牌。获得平等关注和尊重的权利对人的尊严和公平社会来说是最基本的。平等被赋予了优于自由的地位，平等权利理想在许多社会都有着重大的影响；关于这一点可以回想一下美国1950年代的民权运动以及南非种族隔离政策的瓦解。借助建立在相对简单的人类平等概念基础上的法律和道德论证的力量，宪法变革已经完成。

人权概念在当代政治法律论争中占突出位置。收听或收看新闻或者展开一份报纸，人权问题无处不在。人权概念依赖于这样一种主张，即我们每个人作为人，不管种族、宗教、性别或者年龄如何，都享有一些基本的、不可剥夺的权利——仅仅是由于我们属于人类这个群体。这些权利是否得到法律承认并不重要，

图9 非洲民族会议领导人纳尔逊·曼德拉在经过二十七年的监禁生涯后被释放。这是他被释后不久与本书作者在一起。作为一名训练有素的律师，曼德拉对推翻南非种族隔离制度做出的贡献，使其成为与不正义做斗争的国际典范以及建立法律面前的自由平等制度的斗士

他们是否源自一种“更高”的自然法也同样无关紧要（参见第一章）。

联合国在纳粹大屠杀后通过的1948年《世界人权宣言》、1976年《公民权利和政治权利国际公约》和《经济、社会及文化权利国际公约》显示了国际社会对普遍人权观及人权保护所做的贡献。

人权经历了三代。第一代人权大多是消极的公民和政治权利，由17、18世纪英国政治哲学家如霍布斯、洛克和密尔发展形成

图10　在美国，呼吁法律面前人人平等的运动是漫长而痛苦的。多种形式的种族偏见被付诸行动，在美国南部则产生了最暴力的形式：1889至1918年间，2522个黑人被以私刑处死，其中包括50名妇女

（参见第一章）。这些权利的消极性是指它们通常禁止干预权利持有者的自由。一个很好的例子是美国宪法第一修正案，它规定立法机构限制公民的言论自由是非法的。

第二代人权主要包括积极的经济、社会和文化权利，比如受教育、获取食品或者医疗服务的权利。第三代人权主要是集体权利，这在《世界人权宣言》第二十八条已有所体现，该条宣布"人人有权享受本宣言所载权利与自由可得全部实现之社会及国际秩序"。这些"连带性"权利包括社会经济发展权利，分享地球空间、科技信息并从中受益的权利（这对第三世界国家尤为重要）

以及享受健康环境、和平和人道主义灾难救济的权利。

正义

人们通常将法律等同于正义。法院被叫作“正义的法院”（courts of justice），它们的建筑大楼上异常醒目地刻着这几个字或者饰有代表平等和公平的象征物。政府设立“正义”的部门（ministries of justice）来监督法律体系的运行。嫌疑犯不再是受到指控或者起诉，而是被“送交法院审理”（brought to justice）。但我们需要保持警惕，法律有时也会偏离正义。更糟糕的是，法律甚至可以成为不正义的帮凶，如纳粹德国或者种族隔离时期的南非法律。虽然在道德社会里，法律会追求正义，但把二者相提并论是错误的。

任何情况下，正义都不是一个简单的概念。对正义主题的探讨大多从亚里士多德的主张开始。亚里士多德认为，同等情况同等对待、“不同情况”根据其不平等的比例区别对待就是正义。他还区分了“矫正”正义（矫正一方对另一方犯下的错误）和“分配”正义（试图根据每个人应得的程度给予其应得的一份）。在亚里士多德看来，分配正义是立法者主要关注的对象，但他没有告诉我们正义实际上是什么。

我们从罗马人那里得到了稍微清晰些的指点。《民法大全》是在罗马皇帝查士丁尼（482—565）的命令下编纂的民法典。其中正义被解释为“给予每个人其应得之物的永恒不变的意志”，“法律规则”被界定为“诚实地生活、不去伤害他人并给予每个人其应得之物”。这些表述尽管相当笼统，但确实至少包含了任何正义观都具备的三个重要共同特征：首先，它表明了个体的重要性；其次，它表明个人应当受到始终如一地无偏见对待；再次，个人应当受到平等对待。

作为正义的一个关键要素，不偏私的重要性经常以具体的形象得到描述。如正义和法律女神西弥斯，她总是一只手抓住一把剑，另一只手拿着一架天平。剑象征着占据司法职位者的权力，天平则象征着中立和不偏私，这正是正义得以实现的保证。在16世纪，艺术家笔下的她眼睛被蒙了起来，以示正义无视外物：正义拒绝任何压力或影响。

我们在寻求一个满意的正义概念时，平等看起来是有帮助的。同等情况同等对待、不同等情况区别对待的处理原则具有某种吸引力，但前提是我们能在用以区分个体的相关依据方面达成一致，这些依据在客观上应该可以被确定。其中一个依据也许是他们不同的需求。伊丽莎白富有，詹姆斯贫穷。一个公道的人会反对提供财富给詹姆斯而非伊丽莎白吗？也许有人会反对，如果詹姆斯的贫穷是他自己肆意挥霍和铺张浪费造成的话。需求原则因而并非没有缺陷。

那么应得原则又如何呢？正义能否由个人的应得份额体现出来呢？人们经常说某个人得到了他“正好应得的”，表明由于多丽丝工作努力，所以她比鲍里斯晋升快是应当的。但鲍里斯可能缺少多丽丝那样的干劲，因为他还得养家糊口，身体上的疲惫妨碍了他对工作的投入。由于他对压抑的家庭困境缺乏完全的控制能

图11　通常所说的正义女神戴着眼罩，一只手拿着天平，一只手握着长剑。图中雕像矗立在伦敦中央刑事法院（老“贝利”）之上

力，因此把正义建立在应得的基础上可能实际上会导致不正义！

个体之间的正义所存在的问题并不比来自社会正义的挑战更易于应对：后者面对的是如何建立起社会和政治制度来公平地分割蛋糕。对正义问题的现代论述倾向于关注社会如何能够最公平地分配社会生活的负担和利益。其中一种特别有影响力的理论是功利主义的正义理论，以及它的现代变体——法律的经济分析学说。本章以下内容将主要探讨这种研究正义的方法。之后，我将简述约翰·罗尔斯著名的"正义即公平"理论的主要内容。

功利主义

根据功利主义者的观点，正义存在于幸福的最大化。最有名的是杰里米·边沁（我们已经在第二章中研究过他的实证主义理论）的主张，他认为由于在日常生活中我们力求快乐、避免痛苦，所以我们也应当这样构建社会，以实现趋乐避苦：

> 自然使人类臣服于两个至高无上的主人——**痛苦和快乐**的统治。正是痛苦和快乐指示着我们应当做什么，同时决定着我们将会做什么。一方面是对错标准，另一方面是因果之链，都系于痛苦和快乐的宝座……**功利原则**承认这种制约关系，并假定这种制约关系是整个制度的基础，该制度的目标是要用理性和法律之手来建构幸福的经纬。试图质疑这一点的制度沉溺于传闻而非理智，惯于反复无常而非理性判断，总是暗箱操作而非光明正大。

因此，起决定作用的因素是我们行为的结果：这些行为使我们快乐还是悲伤呢？边沁认为，通过应用一种"幸福计算法"，我们可以检验任何行为或者规则的"幸福因子"。功利主义关注行为的结果，因此被描述为"结果主义"的一种形式；结果主义要与伦理学中的义务论体系区分开来，义务论认为行为的对错在逻辑上是独立于其结果的——"即使天塌下来也要伸张正义！"是义务论高呼的一个口号。

我们要注意到功利主义可分为“行为功利主义”(根据行为本身的结果好坏来判定行为的对错)和“规则功利主义”(根据规则的结果善恶来判定行为的对错，这条规则规定人人在相似的情况下都应当采取这个行动)。这一区别非常重要。

一般而言，对功利主义的探讨主要关注“行为功利主义”，尽管法学理论家经常诉诸“理想的规则功利主义”，即根据某条规则的善恶来判定行为的对错，**如果这条规则得到遵守**，就会比遵循支配着同一行为的其他规则产生更好的结果。这种规则功利主义在一些情况下有着明显的优势，比如当法官要对是否应当判给原告损害赔偿金做出裁决时，显然他必须忽视其判决对特定被告所造成的结果。

现代功利论者倾向于把边沁那种快乐主义的行为功利主义模式看得非常古怪。约翰·斯图亚特·密尔的功利主义模式区分了高级和低级的快乐——意味着快乐是善的一个必要条件，但除了快乐与否外，善还取决于经验的品质。然而，密尔的功利主义模式在当时也没有多少人赞同，这也许是因为边沁和密尔似乎用他们自己的喜好取代了他们认为人们**应当有**的喜好。

因此，当代功利论者会探讨尽可能使人们获得他们**想要**的东西，我们应当努力满足人们的**喜好**。这样做的可取之处在于不强加任何不考虑个人选择的“善”的观念：你可以喜欢足球胜过福柯，或者喜欢摩城唱片公司的音乐胜过莫扎特。但这种态度也为其本身存在的问题所扰，具体见下文。

评估我们行为的结果

我困在一个荒岛上，和我一起的只有一个奄奄一息的人。这个人在他临死前委托我把10000美元转交给他的女儿丽塔，如果我能设法回到美国的话。我答应了他。当我获救后，我找到了丽塔，发现她住在一幢大厦里；她已经嫁给了一个百万富翁。区区10000美元对她现在的经济状况而言几乎没有任何意义。我是否应当转而把这笔钱捐给慈善机构？作为一个功利论者，我要考虑行为的可能**后果**。但后果是什么呢？我必须权衡违反允诺的后果和将这10000美元捐给一家动物福利慈善机构的好处。我坚守允诺会比违反允诺有更好的结果吗？如果我违反诺言，那么我也不大可能会遵守我许下的其他诺言，同时其他人也可能会被怂恿随随便便地对待遵守诺言的这个问题。换句话说，我必须竭力去计算我的选择可能导致的所有后果。但是，一个非结果主义的康德主义者会声称我之所以应当把钱交给丽塔是因为我已经答应这么做了。指导行为的应当是一个不容质疑的过去的事实：我的诺言，而非某些不确定的将来的结果。我也许会回答说，我的确考虑过我曾许下诺言这个过去的事实——但仅在它对我把钱给慈善机构而非给丽塔这个行为的**总后果**有影响的限度内考虑。我也许还会说，认为我有义务去遵守**每一个**许下的诺言，这种主张是荒唐的。

功利主义用合意的、可感知的人类幸福观取代道德直觉作为正义的衡量标准，这一点具有相当大的吸引力。但功利主义理论一直以来都遭到很多人的抵制，这些人认为它没能认识到“人的分化性”。他们认为功利主义只把人看成手段而非目的本身，至少纯粹的功利主义是这么看的。他们还声称，在功利主义者看来，孤立的个体仅仅在价值寻找途径或定位上具有重要性。

其次，功利主义的反对者还认为，功利主义的观点尽管平等对待个人，但事实上只是把个人都看成没有价值的：他们的价值并不是作为人所具有的价值，而是作为快乐或者幸福的“体验者”所具有的价值。再次，批评家质疑为什么我们应当只把快乐或者幸福总量的增加看成一个有价值的道德目标，并认为这与对幸福、福利等进行分配的所有问题无关。

对功利主义的第四种批评意见声称功利主义者所用的类比——理性个体为了以后的满足而审慎地牺牲当前的幸福——是错误的，因为这个类比认为我的快乐可以被他人的更大快乐所取代。有人对功利主义所给出的最核心假定提出了批评：我们为什么应当试图满足人们的欲望？某些欲望，比如虐待动物，不值得去满足。我们的需要和欲望在任何场合下不都是受到广告的操纵吗？若如此，我们能否从我们“被控制的”偏好中分离出“真正的”偏好？还有，对功利主义者来说，试图说服个人喜欢德沃金胜过杜沃[1]音乐可以接受吗？若能接受，我们如何证明这

① 英文为Doo Wop，一种节奏布鲁斯音乐，首先在美国黑人社区兴起。——译注

样做是正当的？如果我们回答说是功利原则要求我们这样做的，这难道不是在暗示幸福计算法不仅包括我们现在想要的，而且还包括将来某一天我们在被说服或者接受再教育后决心想要的东西？

约翰·罗尔斯提出了一个不同的观点，他认为功利主义者是在用“善”来定义正当。这就意味着功利主义理论从“善”（如幸福）的观念开始，然后得出结论：只要能使“善”最大化，一个行为就是正当的。

我们是否任何时候都应当努力使福利最大化？有人认为公正地分配福利更重要。批评家批判的另外一点是很难计算人的行为后果：我们如何能事先知道我们计划去做的事情会导致什么样的结果？我们计算行为结果又（能）算到将来多久为止？

试图把我的快乐与你的痛苦进行比较显然存在着很多困难。同样，在一个较大的范围内，法官或立法者很少会觉得在两种或更多的做法中进行选择是件易事，也很少会觉得在多数人的幸福和少数人的不幸中做通情达理的平衡轻而易举。

法律的经济分析

和功利主义一样，支持对法律进行经济分析的人认为我们每天的理性选择应当成为社会公正的基础。这种理论主张，我们每个人都试图使自己欲望的满足最大化——如果这意味着要付出某种代价以实现这个目标，我们一般情况下也乐意这样做。换句话说，如果我非常想要一部法拉利，我就会乐于筹钱来购买。

这种现代形式的经济快乐主义的主要倡导者是法学家兼法官理查德·波斯纳（1939— ）。虽然他否认自己赞成功利主义的立场，但波斯纳主张很多普通法似乎都可以解释为法官是在努力使经济福利最大化。换句话说，许多法律规则的建立都是着眼于在司法中努力实现最高效的结果，虽然人们经常没有意识到这一点。波斯纳认为，法官经常通过选择一个将会最大化社会财富的结果来裁决棘手的案件。波斯纳用“财富最大化”这个词所指的是这样一种情势，在这种情势下，善和其他资源都在最重视它们的人的控制之下；也就是说，这些人为了拥有这些资源愿意也能够**付出**更多。

举个简单的例子，假定你以五美元的价格买到我这本书的复制本。你愿意支付的最高价格是十美元。这样你的财富就增加了五美元。同样地，波斯纳认为当社会上所有资源的分配能使每个人交易的总额都尽可能高时，社会财富就最大化了。波斯纳认为，这正是社会应当追求的。

波斯纳和他所属的所谓芝加哥学派认为，经济因素解释了若干法律规则的发展。例如，在有关过失的法律中，责任的确定通常取决于哪种方式最经济高效。普通法的方法是在从事互动行为的人之间分配责任，从而最大化行为的共同价值，或者说，最小化行为的共同成本。这一点的实现或通过重新定义财产权利，或通过设计一种新的归责准则，或通过对契约权利的认可。波斯纳照此方式分析了普通法的若干方面。

阅读波斯纳的长篇巨著确实要求对经济学理论有相当程度

的了解。特别地，他使用了各种不同的效率概念，尤其是帕累托最优和卡尔多—希克斯检验。前者（根据意大利经济学家维尔弗雷多·帕累托的名字命名）描述了一种状态，对这种状态的任何改变都会使至少一个人较改变前情况恶化。当获益者所得价值的增长超过失利者的损失时，这种变化就被称为卡尔多—希克斯效益。二者都是根据付出代价的乐意程度来衡量的。波斯纳还应用了“边际效用递减”的概念，此概念指出这样一个事实：把一美元给一个穷困的乞丐会对他的财产产生重大影响，而对一个百万富翁来说，是否给他一美元几乎没有任何影响。

著名的科斯定理（根据经济学家罗纳德·科斯的名字命名）假定了一种情形，在这种情形下，有一种结果是最“有效率”的。具体的例子可参见第74—75页方框中描述的情形。

然而，现实生活也许比这个简单的例子所说的要复杂得多。在此过程中，不可避免地要产生某些成本。科斯定理最直接的形式也许可以表述如下：当交易成本为零时，有效率的结果就会出现，不管法律规定如何。

上面说的和正义有什么关系呢？它假设了财富的一种初始分配，这种分配可能完全不公平。“效率”是一种维持不平等现状的手段。换言之，法律的经济分析是否只不过是一种特定的增强资本主义自由市场体系的意识形态偏好呢？

也许更根本的问题是，财富的最大化真的等于正义吗？财富最大化是否真的是一种价值——自足价值或者工具价值，以致一个社会会认为牺牲正义也值得，这是令人怀疑的。许多人怀疑不断增长的社会财富是否真的会改善社会，或者指出我们的欲望比波斯纳所主张的要复杂得多。

正义即公平

约翰·罗尔斯（1921—2002）的《正义论》被广泛认为是一本绝世之作。该书详述了正义即公平的概念，并理所当然地[①]成为当代讨论正义问题关注的焦点。

正义即公平的概念初看上去也许会让你感觉是老生常谈。然而，罗尔斯在拒绝将功利主义作为确定正义的一种方法时拒斥了不平等这个概念——即使不平等确保了福利的最大化。他认为，福利并不关乎利益，而是关乎"社会基本善"，包括自尊。罗尔斯尤其强调正义问题优先于幸福问题。换句话说，只有当我们认为某种幸福是正义的我们才能判断它是否有任何价值。在了解酷刑的实践本身是否正义之前，我们如何能知道汤姆从酷刑中得到的满足应不应当被认为有价值？换言之，功利主义用善来定义正当，而罗尔斯则认为正当优先于善。

一家工厂排放的废气弄脏了附近五户居民晾在户外的衣服。如果没有任何补救措施，每户居民要遭受75美元的损失，加起来总共375美元。废气造成的损失可以通过两种

① 此处为双关语，"理所当然地"原文justly，与"正义"一词的原文justice具有相同的词根。——编注

方式来避免：或者在工厂的烟囱上安装过滤器，这个方案所需成本为150美元；或者给每户居民提供一个电动干洗机，所需成本为每户50美元。比较高效的解决方案是安装过滤器，因为它只需花150美元就能消除总共375美元的损失，比买五台电动干洗机要便宜，因为买五台电动干洗机需要花250美元。如果把享有清洁空气权赋予居民或者把排污权赋予工厂，结果是否会更高效？如果是前者，工厂有三种选择：排污并支付375美元的赔偿金、安装150美元的过滤器或者购买总价250美元的五台电动干洗机给居民。工厂自然会安装过滤器：这是最经济的解决方案。如果存在排污权，居民也有三种选择：忍受375美元的集体损失、花250美元买五台电动干洗机或者花150美元买过滤器给工厂。这样，居民也会选择买过滤器。因此不必考虑法律权利的分配就能实现一种高效的结果。

这种假设基于这样一种观点，即居民为与工厂磋商而集合起来不会蒙受损失。科斯把这种情况称为“零交易成本”。

该书第一章谈到了霍布斯、洛克和卢梭的社会契约理论。罗尔斯的正义即公平理论就植根于这些永恒的理念。在《正义论》中，他的构思所展现的目标是要把社会契约上升到一个更抽象的水平。要做到这一点，罗尔斯认为，我们不应把原始契约看成人

图12　约翰·罗尔斯的"正义即公平"理论产生了重要影响

们为进入某个社会或者建立某种形式的政府而达成的契约，而应认为原始协定的目标是关于社会基本结构的正义原则。这些原则是试图增进其自身利益的、自由理性的人们会在平等的初始状态下认可的，它们将被视为明确规定了人们进行联合的基本条件。这些原则调整着所有更进一步的协定，并规定了社会合作的类型以及能被建立起来的政府的形式。罗尔斯把这种处理正义原则的方式称为正义即公平。

罗尔斯强调需要区分人们对正义的真实判断与他们主观、利己的直觉。对二者间不可避免的区别必须加以调整，调整的方式是重新审视我们自己的判断从而最终达到一种状态，在这种状态下，我们经过思考的直觉与我们深思熟虑的原则协调一致。这种状态就是“反思的平衡”。

罗尔斯提出了一种想象的图景：处在“原初状态”中的人们，在“无知之幕”的遮盖下讨论着正义诸原则。他们不知道彼此的性别、阶层、宗教信仰和社会地位。每个人都代表了某个社会阶层，但他们不知道自己是聪明还是愚蠢，是强还是弱，甚至不知道自己生活在哪个国家或时期。他们只对科学和心理学的准则有一定的初步了解。

在这种几乎全然不知情的状态下，他们被要求全体一致地选出一些一般原则，这些原则将规定他们作为一个社会整体生活于世的条件。在这个过程中，他们会受到理性自利的驱动：每个人都寻求那些可以给他或她（不过他们并不知道自己的性别！）最大的机会来实现其选择的良善生活之设想的原则。由于被隐去了个体特征，罗尔斯认为，原初状态中的人们会选择一种“最大化最小值”的原则，这个原则通过罗尔斯本人给出的损益表得到了说明（此处对该表作了轻微改动）。

我现在需要从一些可能发生的经济状况中进行选择。假设我选择D1，且C1发生了，那么我将损失700美元；但如果C2发生的话，我将获得800美元；如果我实在幸运碰上C3发生了，我将获得1200美元。同样的情况也发生在D2和D3两种决定下。因此，获利的情况g要依赖个人的决定d和经济状况c。[①]这样，g就是d和c的一个函数。或者，用数学公式来表示就是g=f（d, c）。

我将如何选择？“最大化最小值”原则要求我们应当选择D3。这时，我可能遭遇的最坏状况是获利500美元。这显然比另外两种选择下的最坏状况（此时我要损失800或700美元）要好。

决定	经济状况		
	C1	C2	C3
D1	–$700	$800	$1200
D2	–$800	$700	$1400
D3	$500	$600	$800

在进行选择的过程中，原初状态中的人们作为理性的个体也将选择这样一些原则，这些原则确保当人们揭开无知之幕时，自

① 本句中字母g、d、c分别代表“获利”“决定”“经济状况”三词的原文gain、decision、circumstance。——编注

己所处的最坏状况是所有可选择情形中最有利的。换句话说，我将选择的原则是，如果我恰好最终处在社会秩序的最底层时那些对我最有利的原则。类似地，罗尔斯认为，原初地位中的人们会选择如下两个原则：

[1] 每个人都有权平等地享有一系列最广泛的基本自由，这种自由与其他所有人所享有的类似基本自由并不矛盾。

[2] 我们应这样安排社会和经济上的不平等，使得这种不平等：

(a) 对最弱势的群体最有利，并符合正义的储存原则

(b) 这种不平等隶属于公平机会平等条件下，公职和职位对所有人开放。

第一条原则较第二条有着一种罗尔斯所说的“词典序列上的优先”。换句话说，原初状态中的人们把自由置于平等之前。何故？由于上述“最大化最小值”策略，没有人愿意冒险拿自己的自由作赌注——如果揭开无知面纱，他们发现自己就是社会最倒霉人群中的一员！

同样，人人都会选择第二条原则中的（a）款，即所谓的“差别原则”。这确保任何人可能遭遇的最坏结果是“最弱势”，而且如果他们确实最终成为这群人中的一员时，他们将从该条款中受益。由于存在着处境更糟或者改善处境的机会减少的风险，选择这个原则而非绝对平等或者某种形式的更大不平等是完全理性

的。在一个把自由置于平等之上的社会，人们将能更好地改变其命运。为什么呢？因为各种不同的“社会基本善”（罗尔斯认为包括权利、自由、权力、机会、收入、财富，尤其包括自尊）更有可能在一个保护自由的社会获得。

罗尔斯认为，原初状态中的人们将选择差别原则，因为如果他们最终被发现属于弱势的人群，该原则的两个主要竞争者（“天赋自由体系”和“机会公平平等”观念）都无法给他们提供一个幸福的前景。前者对应的是一个未受控制的、对财富分配漠不关心的自由市场经济。罗尔斯认为，原初状态中的人们将抛弃这个原则，因为这个原则“允许份额的分配受到……一些从道德的观点来看是非常任意的因素不适当的影响”。人们将把碰巧生在一个富裕的家庭看成与道德无关的事情。

人们也会摒弃第二种安排，即使它明显地比第一种更为可取。虽然它肯定天赋才能及其应用，但这个体系也存在着一个类似的不足：它把道德与个人才能联系起来，而这种联系和成为一个百万富翁的后代相比，也同样是很偶然的因素。无论是哪一种情况，出身的偶然性与应得都没有任何联系。但是，如果人们选择了差别原则，该原则就会保证有才能的个人可以增加其财富，只要在这个过程中他们也同样增加了最弱势群体的财富。

注意，罗尔斯的第二个原则包含两点重要限制以确保最弱势群体的利益。首先，他提出了“正义的储存原则”，要求原初状态中的人们扪心自问，假设所有其他世代的人们愿意以相同的比率储存，则他们在社会的每个发展阶段上愿意储存多少。记住一点，他们对其所处的社会已经达到何种程度的文明并无丝毫概念。因此他们会为了后代人的利益而储存一些他们自己的资源。第二个限制指向这样一个事实，即工作机会应当向每个人开放。

罗尔斯的研究计划雄心勃勃，虽然他获得了无数赞赏并引发了大量研究，评论家们还是对其理论的若干内容表示了意料之中的保留意见。比如，有人反对社会善的任何固定模式的分配这种观念。其他人则抨击“原初状态”虚假（是否真的可以完全隐去人们的价值标准？）或者必然会产生罗尔斯假定的结果：为什么人们应当更青睐自由而非平等？

为回应这些批评，罗尔斯在1993年出版的另一本书《政治自由主义》中提炼并修正了他最初的一些观点。我在这里无法分析这种种批判性争论，但是在这本后期著作中罗尔斯澄清了一个重要的误解。他解释道，“正义即公平”并不试图规定社会正义的一种通用标准。他的理论是实践型的，与现代宪政民主政治息息相关。换句话说，他的理论是一种政治和实践上的——而非形而上学的——正义观，是一种在哲学上中立的、超越哲学论争的理论。

为追寻他所说的“重叠共识”，罗尔斯假定其正义诸原则是一个有着相互冲突的利益和价值标准的多元、民主社群中的成员可达成政治共识的条件。其政治自由主义概念承认，这种共识可能会受到一个国家所确立起来的共同的道德或宗教信条的挑战，但是，社群的正义感将压倒国家对公共善的解释。

第五章

法律和社会

迄今为止我们一直关注的是规范性法律理论，以及这种理论所做的可以说是从法律内部来阐释法律概念的努力。也就是说，规范性法律理论关注法律学说以及规则、概念、原则与法庭和律师在实际法律实践中所运用的其他观念之间的关系。但还存在另一种法律分析的研究路径，它试图通过诉诸现象运行的社会环境来理解这些现象的本质。这种社会学方法对法哲学产生了相当大的影响，虽然这种影响经常不被人承认。

例如，哈特坚持认为官员应“内在地”认可承认规则，并主张应当对作为共同标准的特定行为模式采取一种“批判的反思态度”（参见本书第二章），这与马克斯·韦伯的内在合法性概念（参见下文）正相呼应。

法律的社会学阐释通常要依赖三个紧密相连的主张：除非把法律看成一种“社会现象”，否则无法理解法律；对法律概念的分析只能提供对“运行中的法律”的一种片面解释；法律仅仅是社会控制的一种形式。

尽管社会法学或者法律社会学的起源可上溯至罗斯科·庞德和欧根·埃利希的开拓性著作，本章主要集中研究的将是社会学理论的两个巨擘——埃米尔·涂尔干和马克斯·韦伯，他们的学说对法理学产生的影响是最深刻的。我也将论述卡尔·马克思对法律和法律制度的思考所产生的影响，同时还要论及两个主要的社会理论家于尔根·哈贝马斯和米歇尔·福柯，他们的著作一直对当代法学理论的某些领域产生着相当大的影响。

埃米尔·涂尔干

涂尔干（1858—1917）所关注的核心问题是使社会集结在一起的是什么。为什么社会不是七零八落的呢？涂尔干的回答指向了法律在促进和维持社会凝聚中的关键作用。他指出，当社会从宗教信仰发展到世俗生活、从集体主义发展到个人主义时，法律就变得更加关注补偿而非惩罚。但是，惩罚在表达维系社会连带关系的集体道德态度时履行着一种非常重要的职能。

涂尔干区分了他所谓的机械连带和有机连带。前者存在于简单、同质的社会，这种社会有统一的价值标准，但缺乏任何重要的劳动分工。这些简单的社群往往在本质上是集体的，很少有个人主义存在。然而，在一些高度发达的社会里则存在着劳动的分工，亦即很高程度的依赖共生。这就存在着实质性的区别，并且个人主义取代了集体主义。涂尔干认为，这些形式的社会连带也体现在法律中：把不同类型的法律加以分类，然后你将会发现相应的不同类型的社会连带关系。

在涂尔干看来，犯罪是社会生活中非常正常的一面。他还极富争议性地提出，犯罪是所有健康社会必不可少的一部分。这是因为，犯罪与表现于“集体良知”中的社会价值标准密切相关：一个行为当其违反了这种扎根于人们心灵深处的集体良知时就构成了犯罪。一个行为并不因其是犯罪行为而冒犯了普遍良知，相反，因为这个行为冒犯了普遍良知所以它才是犯罪行为。

刑罚是涂尔干犯罪概念的实质要素：国家通过惩罚那些冒犯国家本身的人来加强这种集体良知。涂尔干把刑罚界定为“社会通过肉体施加的一种逐渐增强的激烈反应，以作用于那些违反了某种行为规则的社会成员”。

涂尔干还说明了刑罚作为社会控制的一种形式为什么在欠

图13　原始社会实行残酷的刑罚，比如用火刑烧死犯人。随着社会的进步，涂尔干认为刑罚的残忍程度在降低

发达社会更加严厉。随着社会的发展，刑罚的形式变得不那么暴力和严酷。但由于刑罚是因犯罪而产生的，涂尔干得以从中发现犯罪行为的演变与社会连带形态之间的一种重要关联。

马克斯·韦伯

德国社会学家马克斯·韦伯（1864—1920）受过专业的律师培训，并在其一般社会学理论中赋予了法律一种核心作用。韦伯对法律类型的分类建立在不同种类的法律思想上，而“理性”是关键所在。以此为基础，韦伯区分了“形式”体系和“实质”体系。这个区分的关键点在于体系“内部自给”的程度。韦伯所说的“内部自给”，是指决策所要求的规则和程序在体系**内部**是容易知悉的。

韦伯所做的第二个重要区分是“理性”与“非理性”之间的区别：这些术语描述了“设施”（规则、程序）在体系内适用的方式。因而最高阶段理性的达致是

> 所有以分析性方式衍生出的法律命题被整合到一起，整合的方式是它们构成一个逻辑清晰、内在一致并至少在理论上没有漏洞的规则体系，在这种体系下，韦伯暗示，所有可以想到的事实情境都必定能够被逻辑地包含进去。

此处将简要考察一下韦伯复杂理论中的两个主要而且相关的内容：他对阐明西方社会资本主义发展原因的关注，以及他的

合法统治的观念。

关于第一个问题，韦伯试图表明法律只是间接受到经济环境的影响。他认为法律是“相对自治的”，主张“通常看来……法律结构的发展绝非主要由经济因素所决定”。在韦伯看来，法律**从根本上**与经济因素**相关**，但并非由其**决定**。理性经济行为（“营利行为”和“预算管理”）是资本主义制度的核心，这种理性主义得到了逻辑上形式合理之法律的确定性和可预测性的促进。这种法律的存在推动而非导致了资本主义的发展。

韦伯把形式合理的法律看作资本主义的一个前提条件，因为这种法律提供了必要的确定性和可预测性，这是企业家从事营利事业所必不可少的。在韦伯看来，这种形式合理性的实现要求法律秩序的系统化，而这种系统化是英国法明显缺乏的。

那么，韦伯又如何解释英国资本主义的出现呢？这个问题一直困扰着许多社会学家。对韦伯著作中这个明显的矛盾有三种可能的解释。其一，很明显，虽然英国法缺少罗马法秩序的系统性，但仍然是一种高度形式主义的法律体系。实际上，韦伯把这种形式主义（例如，这种形式主义要求民事诉讼要遵循针对特定民事案件颁布的特定令状的准确、严格程序）描述成非理性的。韦伯声称，正是这种形式主义对法律体系产生了稳定的影响，这种影响在经济市场上产生了一种较大程度的安全性和可预测性。

其二，英国法律职业人员在资本主义上升过程中特别集中在伦敦，靠近知名的商业区——金融城。而且，律师通常还充当商人和公司的顾问，这促使他们调整法律以符合其商业客户的利益。

其三，和欧洲大陆的律师同行相比，英国律师界在其教育、培训以及专业化过程中更像手工业行会，导致他们形式主义地对待法律，并受到先例的约束。这就导向了韦伯所说的遵循罗马法的"预防法学"：重点放在草拟文件并设计新的条款以防止将来的诉讼上。由此，律师及其客户（大部分是商业客户）之间便产生出一种非常紧密的关系。换句话说，这种法律实践的特征弥补了法律本身所缺乏的系统性。

因此，韦伯似乎的确认为英国尽管缺少法律的体系化，却仍然发展出了一套资本主义经济制度，因为法律体系的其他重要成分促成了这一点，但如果普通法更加理性和系统，英国的资本主义经济制度会发展得更加迅速、更有成效。

总的说来，韦伯认为，西方社会中法律的形式理性化源于以下两点：资本主义对严格形式的法律和法律程序的关注，以及"引发对法律编撰制度和同类法律产生兴趣的专制主义国家里的官员的理性"。他并不试图对这种现象进行经济学分析，而是确定了可说明这一发展过程的若干因素，这些因素中尤其包括官僚制度的成长，正是这一制度确立了对概念上已实现系统化的理性法律进行调控的基础。

在解释为什么人们认为自己有义务遵守法律时，韦伯做出了他对三种类型的合法统治的著名区分：**传统型统治**（"人们基于古老规则和权力的神圣性，主张并认为这种统治具有合法性"）、**魅力型统治**（基于"人们对具有非凡的神圣、英雄气概或者模范品质的个人的忠诚”）和**法理型统治**（依赖“人们对已颁布规则的合法性，以及根据这些规则获得权威颁布命令之权利的深信不疑”）。当然，第三种类型的合法统治才是韦伯对法律进行论述的核心特征。尽管法理型统治与韦伯的价值学说（赞成法律社会学家对其研究对象采取一种超然的观点）有着密切关系，但更重要的是这种形式的统治与现代官僚制国家之间的关联。在其他形式的统治下，权威存在于**个人**；官僚制度下的权威则归于**规则**。法理型权威的特点是其所谓的不偏不倚。但这种不偏不倚取决于韦伯所说的“形式主义客观性”原则：政府官员行使其职责时“没有任何爱恨，因而就没有任何倾向或热忱。其中的支配性规范是不考虑个人因素的诚实义务概念”。韦伯法律社会学的价值在于各种类型学之间的相互关系。例如，在一个处于法理型统治下的社会里，法律思想的形式是合乎逻辑的形式理性：司法和司法程序都是理性的，服从行为归因于法律秩序，并且行政管理的形式也是专业化的官僚。

另一方面，在一个由魅力型领导者统治的社会里，法律思想无论形式还是实质都是非理性的，司法是个人魅力型的，服从是对魅力型领导者的响应；在一个真正由魅力型领导者统治的社会里，压根没有任何行政管理存在。

虽然韦伯被广泛认为是法律社会学的带头人物，但批评他的人也在其分析——尤其是涉及上面简述的两种学说的分析——中找到了许多漏洞。例如，有人主张韦伯论述的统治程序比他集中关注的形式合法性的表现要复杂得多，有人则认为韦伯对资本主义在英国兴起的解释难以令人信服。

卡尔·马克思

虽然卡尔·马克思（1818—1883）和弗里德里希·恩格斯（1820—1895）没有对法律提供一种全面或者系统的论述，其社会理论却充满了对法律和经济（或物质条件）二者关系的观察。法律在此被赋予一种次于经济因素的地位：法律不过是上层建筑的一部分；和各种文化及政治现象一起，它是由各个社会的物质条件所决定的。

关于法律的描述，马克思主义者在论证物质基础与上层建筑以及法律的地位之间的关系时采取了两种立场。第一种立场被称为“原始唯物主义”，主张法律仅仅“反映”经济基础：法律规则的形式与内容对应着占统治地位的生产方式。人们通常认为这种关于法律为何如此的解释过于简单而且缺少逻辑联系。第二种见解被称为“阶级工具论”，主张法律直接表达统治阶级的意志。这种观点难以令人信服之处在于，它声称统治阶级实际上有一种被意识到的聚合“意志”。

马克思的学说基本上采取历史的视角，也就是说，根据无情的历史力量来解释社会的发展。为取代黑格尔的历史辩证理论，马克思和恩格斯详细阐述了著名的“辩证唯物主义”概念。之所以是“唯物的”，是因为它声称生产方式取决于物质条件；之所以是“辩证的”，部分是由于他们预测了当建立在个人所有权和无计划竞争基础上的资产阶级生产方式与工厂里日益增强的非个人主义的社会性劳动生产产生矛盾时，两个敌对阶级之间就会存在不可避免的冲突，最终导致革命。他们认为，无产阶级将占有生产方式并建立一个“无产阶级专政”，无产阶级专政最终又将被一个无阶级的共产主义社会所取代，在共产主义社会里，法律最后也将成为多余。

法律扮演着一个重要的意识形态的角色。个人形成了一种对其不利处境的意识。马克思做过一个著名的论断：“不是人们的意识决定人们的存在，相反，是人们的社会存在决定人们的意识。”换句话说，我们的思想并不是任意或偶然的，它们是经济状况的结果。我们的知识是从对生产关系的社会体验中汲取的。这就部分解释了法律维系和代表着统治阶级利益的社会秩序（作为“事物的自然秩序”而非由意志共同决定的欲望）的方式。

这种“占统治地位的意识形态”通过许多社会机制被默认为事物的自然秩序。这些机制建立起一种“意识形态霸权”，从教育、文化、政治以及法律上确保这一套占统治地位的价值标准能够盛行。这种解释首先出现于意大利马克思主义者安东尼奥·葛兰西在狱中的著述中，并由法国马克思主义者路易·阿尔都塞发展到一种更复杂精密的水平。

但是，当政府颁布改革性质的法律以改善工人阶级的命运时，马克思主义唯物主义者对法律的论述却陷入困境。这些法律如何能代表统治阶级的意识形态或利益？马克思主义者对此的一种回答是将国家论述成“相对自治的”。这种观点主张资本主义国家在做它想要做的事情以维护统治阶级的利益时并非完全自由，而是受到某种社会力量的束缚。但它不会容许对资本主义生产方式发起任何根本的挑战，它实际上是马克思和恩格斯所说的“管理整个资产阶级共同事务的委员会”。

由于法律是阶级压迫的工具，在一个没有阶级的社会里法律就是多余的。这就是马克思在其早期著作中所暗示的观点的本质所在，这一点又为列宁所重申。这个命题更复杂的版本声称，在无产阶级革命之后，资产阶级国家将被无产阶级专政席卷与取代。反动分子的抵抗被挫败后，社会将不再需要法律或国家：它们将“凋谢”。

这个预言所存在的问题是，它把法律满不在乎地等同于对无产阶级的强制镇压。它忽视了相当多的法律还发挥着其他功能，而且即使（或者尤其）是共产主义社会也需要法律来对经济进行计划与调控。声称这些并非“法律”就会导致怀疑主义。

重要的是要注意在马克思主义法律理论中，法律并未被视作什么特殊的事物。历史唯物主义的核心是主张法律是“某种特定社会的结果”，而非社会是法律的结果。用巴尔巴斯[1]的话说，“法律拜物教”是指这样一种情况：“个人确认他们的存在归因于法律，而非相反。”就像存在着一种商品拜物教，也存在着一种法律拜物教，它混淆了法律体系权威的来源与法律主题，并造成一种印象，似乎法律体系有其自己的生命。法律拜物教把法律看作一种独立、特殊或者可以识别的现象，它有着自己独特而自足的论

① 社会主义者，其发表于1977年《法律和社会评论》第11期的《商品形态与法律形态》一文，在法律社会学界产生了重大影响。——译注

图14　马克思和恩格斯揭示了法律和经济的关系

证和思考方式——这为许多马克思主义者所不屑。

同样，他们不仅拒绝正义的概念——用马克思主义者的话来说，正义很大程度上取决于物质条件——而且还拒绝法治的理念，即法律作为维护自由的一组中立规则的概念。支持法治就要接受把法律看成一个不带感情色彩的仲裁者，超然于政治冲突并远离任何特定群体或阶层的统治。马克思主义者拒绝接受社会的这种"共识"模式。

在社会的"共识"模式与"冲突"模式间进行选择对我们理解社会非常重要。我们已经看到，大多数法律学说都含蓄地采纳了一种一致的见解，把社会理解为本质上是一元的：立法机构代表了共同意志，行政部门的行为也符合公众利益，而法律则是一个中立的裁判，为了公共利益而秉公执法。不存在根本的价值冲突或利益冲突。任何冲突的产生都发生于个人层面：维多利亚诉大卫违约，要求损害赔偿，等等。

与上述模式相对的“冲突”模式则把社会看作分化成两个对立阵营：占有财产、握有权力的一方以及一无所有的另一方。冲突是不可避免的。正是社会结构决定了个人境遇：个人要么是这个阵营的成员，要么是另一个阵营的成员，非此即彼。法律在这种情况下实际上表现为统治阵营维持其控制的手段，完全不是一个中立的裁判。

如何看待人权呢？通过第四章我们可以清晰地看到人权日益突出的重要性。社会主义者通常认为个人权利概念（以及其自私自利和自我主义的内涵）与马克思主义公有制哲学是不可调和的。因此他们明确拒绝权利概念与权利话语——除非在运用权利概念与权利话语也许能促进短期战略目标的实现时。他们认为，社会变革并不是就权利进行道德说教所产生的结果。

然而在早期著作中，马克思主张政治革命将终结市民社会与国家的分离。只有民主参与会终止人民对国家的疏远。因此，马克思自己对社会主义权利或社会主义制度下的权利的洞察看来源自他对资本主义社会与众不同的特征的批判：资本主义社会所产生的剥削与异化。

马克思区分了“公民权利”和“人权”。前者属于政治权利，其行使与其他政治权利一样，并且都需要参与到社群中去。后者则属于私权，其行使独立于其他私权，并要求停留在社群之外。马克思断言，“任何一种所谓人权都没有超出利己主义的人……封闭于自身、私人利益、私人任性的个人”。然后他又尤其着重地补充道：“自由这一人权的实际应用就是私有财产这一人权。”

有人曾提出，不应当认为马克思在此是指这些“人权”（法律面前人人平等、安全、财产、自由）不重要，而应认为他是指这些权利的概念是建立在资本主义生产关系基础上的社会所特有的。要支持这种观点颇为棘手，因为马克思试图说明这些权利并没有独立意义。

马克思主义者经常主张资本主义是对真正个人自由的破坏。按照马克思的说法，私有财产体现了物质世界对人的统治，共产主义则体现了人对物质世界的控制。他使用“物化”这个概念来论述社会关系表现为事物间关系的过程。在资本主义社会里，马克思把这种具体化看作工人远离其劳动成果的结果：“劳动的一般社会形态以物的所有权出现”，并通过“商品拜物教”而具体化。资本主义关系似乎保护个人自由，但法律面前人人平等不过是私有财产所有者之间一种形式上的财产交换关系：

革命的马克思主义者拒绝个人权利主要是因为这种权利体现了资本主义经济，并且在一个无阶级的社会主义社会里个人权利将是不必要的。这种拒绝基于对权利的四点反对理由：

权利的条文主义。权利使人的行为要服从规则的治理。

权利的强制性。法律是一种强制性手段。权利已经被玷污，因为它保护的是资本的利益。

权利的个人主义。权利保护的是利己的、分离的个体。

权利的道德主义。权利本质上是道德性的、乌托邦式的，因而与经济基础毫不相关。

但另一些马克思主义者则认为，将权利看作必然是个人主义的太过草率。马克思主义历史学家E. P. 汤普森（1924—1993）既批判了将法律简单地归为阶级统治工具的马克思主义者，又批判了认为公民自由仅仅是一种模糊了阶级统治现实的假象的观点。他认为法律不仅仅是阶级统治的工具，而且还是一种阶级内部和阶级之间的“调停形式”。法律的功能不仅是为权力和财富服务，而且还会施加“有效的抑制于权力”，使“统治阶级服从其自身的统治”：

> 法治本身、对权力有效抑制的施加以及对公民免受权力全面侵扰的保护，这在我看来似乎是一种无条件的人之善。在这个权力的资源和主张都在持续扩张的危险世纪，否认或轻视这种善是一种令人绝望的理性抽象上的错误。不仅如此，这还是一种会自我实现的错误，促使我们放弃反抗恶法以及根据阶级不同而适用的不同程序，在权力面前放下武

器。这就是要扔掉整个与法律做斗争并在各种法律内部进行抗争的历史传承，只要法律不使人们陷入紧迫的危险，法律的连续性就不会遭到破坏。

许多马克思主义者反对全盘接受法治，这不足为奇。有人认为，支持对独裁统治进行限制并不表明马克思主义者就全面赞同法治。

于尔根·哈贝马斯

作为当代德国最重要的学者之一，于尔根·哈贝马斯（1929— ）因其哲学的独创性及敏锐的社会批判而受到人们的广泛尊敬，尽管对其观点进行解读并不容易。在哈贝马斯那些融入了敏锐的文化、政治和经济分析的诸多洞见中，有一个观点认为，尽管存在着无情的“工具技术统治意识”的发展及随之而来的“生活世界”的主宰，资本主义国家同样提供了更多的“交往行为”的良机。

哈贝马斯认为，资本主义和一个强有力的中央权力机构结合到一起就导致了“生活世界”——公共规范和身份领域——被侵扰。原子化和异化（马克思的阴影）由此产生。因为“生活世界”的确立过程取决于沟通和社会连带关系，这种侵扰破坏了“生活世界”本身，并减少了集体自决的可能性。但哈贝马斯承认，的确存在着关于事实、价值和内心体验的理性沟通对话的前景。

这和法律有什么关系？答案很复杂。既然哈贝马斯的“交往理性”概念建立在自由、平等的原则上，他采纳某种形式的自由主义就并非完全不合情理。在这样做的过程中，哈贝马斯区分了“作为中介的法律”和“作为制度的法律”。前者把法律描述为一组正式的一般性规则，这些规则控制着国家和经济。后者则存在于“生活世界”中，因而以制度的形式体现了其共同的价值标准和规范，例如刑法中触及道德的部分。与“作为中介的法律”不同，“作为制度的法律”要求合法性。事实上，哈贝马斯认为，在我们这个多元的碎片式社会，这些制度是进行规范性整合的强有力的基础。

哈贝马斯主张，法律的合法性非常重要地依赖于制定法律的对话过程的有效性。因此，言论自由和其他基本民主权利对于其“交往行为”理论来说是非常关键的。

哈贝马斯的观点引发了一大堆讨论文章。比如，有人批评他对法律作为实现社会融合的媒介信心过大。还有的评论家则认为，哈贝马斯提出只有那些作为理性对话参与者的相关人都已赞同的法律规范才是有效的，这个观点有些凭空想象；它似乎在鼓吹一种雅典式的民主！

米歇尔·福柯

法国极具影响力的思想家米歇尔·福柯（1926—1984）的深奥思想直接和间接地涉及了法律在社会中的作用问题。尤其是福柯的非传统哲学（他在后期著作中更喜欢称其为“谱系学”）试图揭示权力的本质和功能。他认为，权力既不同于体力也不同于法律规制，它也不敌视自由或者真理。相反，他论证了从18世纪开始，通过诸如工厂、医院、学校和监狱等制度布局，人类的肉体如何被一种新的权力的“微观物理学”所支配。

规训由四种“实践”组成，每种实践都对受其支配者造成了重要后果。这种控制使受控者产生了一种“个性”，这种个性包含如下四个特征：“单位的”（通过“空间分布的处理”）、“有机的”（通过行为的“整理”）、“遗传的”（通过时间的积累）和“组合的”（通过“力量的组合”）。规训则“运转着四种伟大的技术”：它制定法则、规定动作、施加练习并对“策略”进行统筹安排以获得力量的联合。福柯总结道：

> 策略是一种创立机制的艺术，它确定主体的位置，整理行为并训练才智；在机制内部，各种力量的产物通过适当的联合而得到增长。策略无疑是规训性实践的最高形式。

这些方法的应用使得社会秩序更加具有可控性。此外，规训性权力促使我们以逐渐被我们视为自然的方式来行事。我们由此受到这些“技术”的控制与操纵：我们变成“听话的主体”——结果，资本主义就能发展繁荣。

福柯对权力的分析导致他质疑自由主义思想及其对国家集权的关注。实际上，福柯认为，通过对国家集权的关注，自由主义事实上促进了这种权力的控制，虽然自由主义本来试图削弱这种控制。

在福柯的世界里，规训性权力几乎渗透进了社会生活的每一个元素，法律因而并没有任何特殊的优先权。规训性政府把政策的重点放在对威胁社会秩序之事项的控制上，法律由此成为一种“社会学的解释”。形式平等的烟幕背后是作为后现代国家之显著特点的权力。

尽管福柯的著作大多令人不安且难以理解，他关于规训性权力实践的独创性研究路径通过把注意力从法律的制度运作转移到法律对作为个体的每个人的影响，阐明了社会控制的灰暗地带。

第六章

批判法学理论

前面五章所述的许多理论都受到了某些学者的怀疑，这些学者所推荐的理论从广义的角度来说可称为批判法学理论。这一派别的法学理论通常拒绝长期以来被认为是法理学核心的许多内容，并且否定所谓的事物自然秩序，不管是父权制（女性主义法学）、“种族”观念（批判种族理论）、自由市场（批判法律研究）还是“元叙事”（后现代主义）。这些领域的批判思想本章都将简要地进行考察。

可以说，批判法学理论的主要目的就在于对法律的普遍理性基础提出质疑。该理论断言，正是这种普遍理性赋予了法律和法律体系一种虚假的合法性。批判法学理论也不承认法律是一个独立而分离的学科，它宣称，这种观点把法律概念描述成自主的和确定的——独立于政治和道德，但法律永远不可能是这样。

确定性是一个神话，这是对法律进行批判性分析的一个重要组成部分。法律非但不是确定的、连贯一致的规则与原则的集合，相反，法律被论述为不确定的、含糊的并且不稳定的。法律不但不表现理性，相反，法律还复制了政治经济权力。而且，正如许多批判法学派的拥护者所主张的那样，法律既不是中立的也不是客观的。为了实现中立，法律使用了若干虚构与幻想。最为明显的是，法律吹嘘法治之下人人平等的自由思想。但在批判法学派看来，这只是一个神话。社会正义是一个空洞的允诺。

批判法学派

批判法学派作为批评传统法律学说的广义左派，于1970年代形成于美国。起初，批判法学有三个与众不同的特征。首先，与政治学或者社会学不同，它处于法律内部。其次，它试图去应对自己在法律学说中确认的非正义。再次，批判法学采取了一种跨学科的方法，吸收政治学、哲学、文艺评论、心理分析、语言学和符号语言学的理论来展开其对法律的批判。

批判法学运动不仅在美国的法学院，而且在英国、加拿大、澳大利亚以及其他国家的法律院校都引发了轩然大波。但是，尽管批判法学理论在当代社会显得别具一格，批判法学派实际往往被看成美国20世纪二三十年代现实主义运动的一个现代翻版。美国现实主义是指一群进步的律师、法官和学者拒绝接受奥斯丁、边沁、密尔和休谟的形式主义，并对“运行中的法律”提出一种更具社会学性质的论述。他们回避那些法律理论中的形而上学问题，认为它们沉闷无聊，而且这类问题纠缠于命令、规则、规范或者其他一些模式的概念内涵，而这些东西在他们所考察的“现实”中没有任何根据。

美国的现实主义热衷于经验问题，尤其是那些试图洞悉影响司法决策的社会学和心理学因素的问题。尽管这是种实用主义路径，美国的现实主义者本质上仍是法律实证主义者。因而，虽然他们没有完全拒绝法庭可以受到规则的制约这种观点，但他们主张法官行使判断力比通常认为的要频繁得多。当然，他们否认自然法，也不接受法官主要受法律规则控制这一实证主义观点，但对于现实主义者来说，决定一个案件结果的关键因素是与案件事实相关的政治和道德机制。

批判法学运动之父奥利弗·温德尔·霍姆斯（1841—1935）引人注目地声称，普通法“并非上天无所不在的沉思，而是可以确定的主权者或半主权者清楚的发言”。作为联邦最高法院法官，霍姆斯合乎情理地认为法律应当按照法庭实际上所说的来界定。这一点在他著名的演讲《法律之路》中表现得尤为明显，该演讲是他在1897年为法学院学生所做的。他建议学生对法律和道德做清晰地划分：考虑法律是什么，而非法律应当是什么。

霍姆斯主张从一个“坏人”的立场来看法律：“如果你想知道法律而非任何其他东西，”他声称，“你就必须作为一个坏人来考虑法律，坏人只关心实质结果，而法学这种学问能让他预测出这个实质结果是什么。”霍姆斯还觉得法律的发展可得到科学地证成。他认为，“真正的法律科学，存在于从内部根据准确考虑过的社会要求而非传统所确立起来的基本原理之中”。

卡尔·卢埃林（1893—1962）采取了一种所谓功能主义的研究路径，把法律理解为承担着某种基本的**功能**，他称之为“法律工作”。他论证说，法律应当被看作一部“有着种种目的而非价值上自足的”发动机。社会要持续运转下去，就必须满足某些基本的必要条件；这就引起了必须予以解决的冲突。这种对法律的功能主义解读，其核心思想是负责各种不同工作的法律“机制”。卢埃林说，一种机制就是一种组织化的行为，围绕着做一种工作或者一组工作而建立起来。法律所包含的最为重要的工作就是处理各种疑难案件。

确实，美国现实主义和批判法学派都持一种怀疑论和反形式主义的观点，但将批判法学派视为一种“新现实主义”并不恰当。尽管两种运动都试图除去法律中的神秘因素，并把法律的运作揭示为“运行中的”法律，但批判法学派并不热衷于现实主义者所关注的实用主义或者经验主义问题。相反，批判法学派的拥护者把法律视作“成问题的”，因为法律复制了社会的压迫性。而且，不像美国现实主义者承认法律论证和政见之间的区分，批判法学派认为法律实际上**就是**政治，这是不言自明的；法律论证与其他形式的论证并没有任何不同。此外，尽管现实主义者试图在法律规则与其在社会中的实际运作之间做出区分，他们通常还是信奉法律的中立和自由主义的意识形态。批判法学派对这两点则都予以否认。

事实上，批判法学派应用马克思主义和弗洛伊德的思想，发现了法律的一种“霸权意识”——这个词是从意大利马克思主义者安东尼奥·葛兰西的著作中借用过来的。葛兰西认为社会秩序是由一种信仰体系所维系的，这种信仰体系被公认为一种“共同理性”，并且是自然秩序的一部分——即使那些实际上被迫服从这种信仰体系的人也都承认这一点。换句话说，这些思想被认为是不朽且必要的，即使它们只反映了统治集团短暂而专断的利益。

而且，这些思想还被“物化”了；“物化”这个词先由马克思使用，然后又由匈牙利马克思主义者捷尔吉·卢卡奇加以提炼，指思想转变成实物的方式；这些思想还被描述成基本、必要和客观的，虽然实际上它们是偶然、专断和主观的。并且，按照弗洛伊德的说法，法律思考是一种“否定”：法律思考提供了一种应付矛盾的途径，这些矛盾对我们而言太令人痛苦了，以致我们无法用感知意识来进行控制。因此，法律思考否认（比如说）平等、自由的允诺与压迫、等级制度的现实之间的矛盾。

巴西社会理论家罗伯托·温格（1947— ）是批判法学思想的重要贡献者之一。他认为，社会的代表被灌输了如下四个信仰。第一，法律是一个“体系”，并且作为一组“原理”，法律在被适当地解释后就能为所有与社会行为相关的问题提供答案。其次，存在着一种特殊形式的法律论证，通过这种论证我们就能从原理中找到答案。再次，原理反映了一种内在连贯一致的关于人和社会本质之关系的观点。第四，社会行为之所以反映法律体系所产生的规范，要么是因为人们内化了这些规范，要么是实在的强制力迫使他们这么做。

批判法学派对这些假定都提出了质疑。首先，它否认法律是一种体系，也否认法律可以解决每一个可以想见的问题。这被论述为**不确定性**原则。其次，它否认存在着一种自主和中立的法律论证模式。这被称为**反形式主义**原则。再次，它对原理表现了一种单一、连贯一致的人类关系视角的看法提出了质疑；相反，批判法学派主张原理体现了若干不同的，甚至经常是相互对立的观点，其中没有任何一种在逻辑上充分连贯或者具有普遍性，从而可被称为占统治地位的观点。这被论述为**矛盾**原则。最后，它质疑即使存在一种共识，是否有理由把法律看成社会行为的一种决定性因素。这被称为**边际**原则。

如果法律是不确定的，那么法学对法律下定义就不过是一种鼓吹的形式罢了。缺少一番独特的法律论证，法学就会变成一种政治辩论。如果法律原理本质上是一种对立物，法律论证就无法依靠它来进行，如果法律原理不能达成一种平衡的话。而如果法律是一种边际物，那么社会生活就必须由法律以外的规范来加以控制。

一些更加激进的批判法学思想很难让人对其进行严肃考虑。比如有人反对法学院中常见的等级制度，认为所有雇员——从教授到门房都应当得到相同的薪水，这种观点没有获得多少支持，至少在教授群体中没有获得支持。但是，毋庸置疑，批判法学派在阐明理论探讨与现实之间的分歧方面发挥了重要作用。不过，变革法律的可能性似乎常常被批判法学派中一些更加教条化的信徒所具有的破坏性甚至是虚无主义的倾向所冲淡。许多批判法学思想仍然在法律界颇具影响，尽管这些思想已被其他学说所吸收、调整和提炼。这些学说将在本章剩余部分进行探讨。

后现代法律理论

“我把**后现代**阐释为对元叙事的不轻信。”让—弗朗索瓦 · 利奥塔（1924—1998）在他那本颇具影响的《后现代状况：关于知识的报告》一书中如是说。康德、黑格尔、马克思和其他学者所做的伟大“元叙述”中坚持的真理或正义的允诺在我们这个时代已经被背叛。普世价值、“主叙事”被利奥塔等后现代主义者视为即使不是无意义的，也是多余的。伟大的历史新纪元、社会发展和思想，尤其是与启蒙运动有关的思想——甚至启蒙运动本身——都一概受到深深地怀疑。按照传统的设想，人类的“发展”是朝着“文明”或者其他一些目标“进化”的，但这个设想遭到后现代主义者的否定，他们在个体的亲身体验中寻求解释和理解。

对启蒙运动的这一批判包括拒绝接受对现代主义特征（个人权利、平等和正义）的康德式关注。但其批判的目标更大，因为拥护这些价值的不限于支持天赋权利思想（参见第一章）的人。许多启蒙运动以后的法律理论，包括实证主义法学（参见第二章），都接受了这些价值。吸收了“文化理论”以及米歇尔·福柯（参见第五章）、雅克·德里达、雅克·拉康（参见下文）和其他——主要来自法国和德国——理论家著作中的元素，后现代主义也可被理解为试图对英美分析哲学传统的方法、假定和思想提出挑战，甚至加以全盘否定。

后现代主义者对社会和法律在社会中的作用的论述，揭示了形式主义、本质主义、集权制、乌托邦思想甚至民主的幻灭。怀疑主义在此也并未终止。批判理论，无论是美学的还是伦理的，都试图摧毁真理的“基本”观念。批判理论表达了其无法忍受现代国家扼制个人的官僚政治制度、国家的高高在上、日益全球化的市场和价值观的普遍化。

批判理论还（也许是不可避免地）证明了一种新的实用主义。一个更包容的社群强调妇女、少数群体、生活无着者以及穷人的特殊困境，其主张伴随着一组实际的（经济的、生态的、政治的）目标。一种通俗的表达方式是“赋权”，这种表达也可在批判法学派和女性主义理论家那里找到。但是，激进的后现代政治议程是非常复杂的，它可能导致混乱，或者所谓的“意识形态的倍增”。

无论是“主体”还是“客体”都被认为是幻象。对“主体”的后现代关注引发了——尤其在法律的背景下——一些对个人作为道德主体、权利主体或者仅仅是作为法律体系参与者的精彩论述。某些论述很明显属于心理学或语言学的范畴，其中拉康的结构心理分析理论和德里达的后结构主义思想都产生了相当大的影响，尽管下文将会表明，这些理论对我们理解法律的本质几乎没有什么用处。

雅克·拉康

法国心理分析学者雅克·拉康（1901—1981）经常被称作后现代心理分析符号学的缔造者。拉康吸收了弗洛伊德、索绪尔以及列维—斯特劳斯的思想，主张潜意识的结构和语言一样；因此确定潜意识中发生的对话的内部运作情况非常紧要，潜意识是知识、权力、力量和欲望的储存地。我们对我们所说的东西不加控制，语言的结构则由思想和欲望预先决定。拉康使用了一种弗洛伊德式的心理分析概念，即分裂的人格主体——自我、超我和潜意识——来论证由语言（他称之为“陈述的主体”）表达的“我”永远不能表现个体的“真正”身份（他称之为“阐明的主体”）。

在我们生命的头十八个月里，我们经历了这种身份与其表现的分离，之后这种体验便永远消失了。我们构建了一种个人和社会稳定性的伪装，这种伪装只有通过幻想才能建立起来，而且无法持续下去。主体因而被分割或者去中心化。潜意识的语言是所有体验、认识和生活方式的主宰。用拉康的话来说，正义这一观念于是变成一种空想，掩盖了一个和谐社群难以实现的欲望。

雅克·德里达

备受争议的法国哲学家雅克·德里达（1930—2004）与“解构”这一概念紧密联系在一起。他使用这个从德国哲学家马丁·海德格尔那里借用的词来说明**延异**（différance）这一概念。这个新词形容了等级制的对立各方之间一种相互依赖又存在区别的状态。Difference这个词来自法文单词différer，而différer既有“差异”（differ）的意思，也有“延迟”（defer）的意思。德里达用字母a取代e，从而造出了différance。这两个词在法语口语中是无法分辨的。

基于瑞士语言学家费迪南·德·索绪尔的符号学理论，德里达对“能指”和“所指”加以区别。索绪尔区分了**语言**和**言语**，前者是语言规则的深层结构，后者则是一个语言社群的成员所完成的一套表达行为。前者在理解语言时更为重要，因为它是构成一种语言的各种符号相互间关系的体系。例如，dog（狗）这个单词并不对应我们所知道和喜欢的动物。但由于它和诸如bog、cog或者fog等类似发音的词不同，我们理解了它的意思。德里达假定，既然dog的意思出自这些能指之间差异性的对比，其意思——和所有能指的意思一样——被无限地延迟了。德里达总结道，只有通过“解构”语言以表明一个能指的意思如何包含另一个能指（“他者”），稳定性才能实现。

德里达野心勃勃：他要揭示西方哲学中“在场的形而上学”。他这么做的前提是，在每一组对立面中，一种“在场”要优于对应的“缺席”。德里达认为，西方哲学建立在一个隐含的假定之上，该假定认为对于我们的意识来说最显然的——显而易见或直接的——就是最真实、最基本或者最重要的。

德里达令人不安的推论是，既然语言形成于这种不稳定的差异结构，它将永远是不确定的。建立一种身份的学科（既而建立一种个体权利所有者的学科）的前景因而就很渺茫。

虽然后现代法学理论有很多追随者，人们一定会问的是这种理论是否对我们理解法律大有裨益。比如，解构概念如何能针对法律的概念提供一种建设性的洞察力？我们已经看到，由于法律的合法性存在于某种正义观念，法律语言又不可避免地是规范性的，因而很难看出拉康的心理分析学说或者德里达的解构理论如何促进了我们对法律的理解。

女性主义法学理论

传统法学明显忽视了女性的立场。女性主义法学理论在弥补这个疏漏上做得非常成功。该理论不仅对大学法律课程，而且对法律本身都产生了相当大的影响，因为女性主义法理学的研究范围不仅仅是纯粹的学术研究，而且还全面分析了刑法中所存在的大量不平等现象，尤其是强奸与家庭暴力、家庭法、合约、侵权、财产和实体法的其他分支，包括公法的有关方面。

例如，近年来英美的法院都不再接受普通法的一个原则：丈夫不能因为强奸妻子而被起诉，即使妻子不同意和丈夫性交；妻子因为结婚的事实而被认为已经同意和丈夫发生性行为。虽然法官在拒绝上述原则时并没有直接诉诸女性主义法理学，但在这类裁决中还是能发现女性主义法学理论所产生的影响。

由于对女性所经历的不正义感到不安，女性主义者的著作经常公然挑起争论，这并不令人惊讶。“个人的即政治的”是早期女性主义者所采用的一条引人注目的口号。这个口号部分体现了对社会运动中公然声称的激进主义的谴责，这种激进主义并不能改变家庭生活和工作中女性由来已久的从属地位。

当然，女性主义者也不是用同一种声音说话。至少有五种主要的女性主义法学流派。以下内容概述了它们不同的视角，并对女性主义运动在理论和实践中所取得的成就进行了总结。

自由女性主义

自由主义珍视个人权利，无论是公民权利还是政治权利。自由主义者主张有必要保障很大领域的个人自由，包括言论自由、良心自由、结社自由、性自由以及非因保护他人不受伤害而免受国家规制的自由。自由女性主义把个人看成独立自主的、享有权利的主体，强调平等、理性和自治的价值。它主张，既然男人和女人都是同等理性的，双方就应当有进行理性抉择的同等机会。（我们将会看到，这种对平等的强调被激进女性主义者斥为错误，因为声称女性类似于男性就把女性融入到了男性的领域，因而就把女人转换成了男人。）

多数自由女性主义者虽然承认法律政治制度是父权制的，却不愿接受对法律政治制度的所有批判，这种批判即使不是普遍内容，也是激进女性主义的一个重要内容。自由女性主义批判的主要对象是现存制度结构中的性别歧视，尤其是在就业领域。

自由女性主义强调平等，激进女性主义则关注差异。自由女性主义者最为忧虑的问题是公私领域的界限。这很大程度上是因为女性往往被排除在公共领域之外，而政治平等正是在公共领域中实现的。与此相应，家庭和办公场所的私人空间则是压制剥削妇女的场所。家庭暴力犯罪通常发生在家庭内部，而法律往往不愿意介入。因此，在激进女性主义者看来，自由女性主义本身就暗含了对女性的征服。

激进女性主义

激进女性主义者的代表凯瑟林·麦金农（1946— ）质疑女性有实现平等的可能，因为男性把女性解释成与其相异的另一性。鉴于男性支配着女性，麦金农认为问题最终可归结到一种权力。法律实际上是一种男性的建筑物，不能仅仅通过允许女性进入其大门，或者把女性的价值纳入到其规则或程序中加以改变。激进女性主义还主张，变革法律也不大可能有所裨益，因为由于法律的男性属性，这种变革只会产生男性导向的结果并复制男性控制的关系。用麦金农的话来说，“抽象权利……认可了从男性的角度去体验世界的合理性”。

激进女性主义拒不承认法律的中立性，并视其为自由主义者的幻想。激进女性主义试图揭示伪装背后的现实，这样女性就会意识到需要改变压制她们的父权制体系。

根据弗兰西斯·奥尔森的说法，两性之间的差异性，或者说二元性，已经“性别化”了。男性特征被认为处于优势地位。

男性	女性
理性	非理性
主动	被动

思考	感觉
理智	情绪
教养	本性
力量	敏感
客观	主观
抽象	具体

[参见弗兰西斯·奥尔森:《女性主义和批判法学理论:美国人的观点》(1990)18,《国际法律社会学杂志》199]

卡罗尔·斯马特否认法律可产生真正的平等。安·斯凯尔斯雄辩地论述了她为何拒绝接受法律形式上的改变:

> 当我们听到热衷于认知性客观现实的法律学者声称,在现存体系中妇女的声音也有一席之地时,我们应当特别警惕……男性至上主义之所以不公正并非因为其无理性,而是因为它占据着主宰地位。法律必须集中关注后者,这种关注不可能通过聚焦形式来实现。

克里斯汀·李特尔顿主张"平等即认同",强调差异性的结果而非来源,这种观点在平等薪资和工作环境方面有着明显的法律上的重大意义。

激进女性主义试图通过“向女性提问”揭示女性所受到的支配，从而使规则和实践的性别意味得到显现，否则这些规则和实践将显得公正或中立。

后现代女性主义

我们已经看到，后现代主义者通常拒绝接受“主体”的概念。他们还对诸如“平等”、“性别”、“法律”、“父权制”甚至“女性”等客观事实表现出一种不耐烦。确实，事物如果要成为某种特定物就必须拥有某种它们必须有的属性（即它们有某种“本质”）这一思想遭到许多后现代主义者的批判。后现代女性主义者在激进女性主义者的观点中察觉到了这种“本质主义”，如激进女性主义者凯瑟林·麦金农就认为女性的表象下是“前文化女性”。

杜希拉·康奈尔和弗兰西斯·奥尔森利用雅克·德里达和朱莉娅·克里斯蒂瓦的成果来构建康奈尔所说的“想象的一般性”，它超越真实体验的本质主义而进入到神学领域。法律的男性特征——社会的“男性中心主义”——是后现代女性主义者著作的中心主题。凯瑟琳·巴特利特确认了至少三种可用来审查法律程序的女性主义法律方法：“向女性提问”、“女性主义实践理性”以及“意识提升”。

第一种方法试图揭示表面看起来似乎中立的规则和实践的性别意味。女性主义实践理性质疑某些规范的合法性，这些规范通过规则声称代表了社群，尤其是在强奸和家庭暴力案件方面。

意识提升则试图理解和揭示妇女被压迫的状态。

差异女性主义

差异（或文化）女性主义对自由女性主义者依附于形式平等和性别感到不安，认为这种立场削弱了男女之间的差异。相反，差异女性主义通过揭露暗含在刑法、证据法、侵权法和法律推理过程中的各种歧视，竭力去揭示法律实质、法律实践以及法律程序未阐明的前提，包括对诸如“理性人”的概念、用男性的视角去看待强奸案件中所应用的女性性特征和法律本身的语言风格等方面进行的批判。

差异女性主义认为，与自由女性主义者所考虑的情况相比，平等是一个更难以捉摸、更复杂的目标。心理学家卡罗·吉利根由此表明了为何女性的道德价值往往倾向于强调责任，而男性则强调权利。女性注意背景情况，而男性则诉诸中立、抽象的正义概念。她认为，女性尤其支持一种“关怀伦理”，这种伦理声称不应当伤害任何人。这种关怀和培养的道德确定并解释了性别之间的基本差异。

差异女性主义集中关注女性与他人的“特殊纽带”的积极特点，激进女性主义则关注消极的一面：如通过色情资料形成的女性性别的客体化，麦金农称之为“一种非自愿的性形式”。

批判种族理论

批判种族理论于1989年由威斯康星州的麦迪逊最先提出，它是对批判法学派的解构性超越所做的回应。尽管批判种族理论对诸如“正义”“事实”“理性”等启蒙思想同样持怀疑态度，但是，其主要动因是认为需要揭示法律中普遍存在的种族主义；在该理论看来，拥有特权的白种人、中产阶级的理论并不能完全揭示法律的本质和界限。那些亲身遭受过歧视所带来的侮辱和不公的人是处于社会边缘的少数种族，他们的意见才是可信的。批判种族理论认为，法律的形式建构反映的是拥有特权的白人男性精英占大多数的现实。正是这种文化、生活方式、态度和规范性行为结合起来，形成了法律中居于主导地位的“中立性”。处于少数地位的种族则处于法律的边缘地带。

批判种族理论和完全的后现代主义者的论述（参见上文）有着很大的不同，至少前者的部分成员承认在追求平等和自由时传统的“权利话语”的重要性。因此，在一些情况下，批判种族理论对社会和法律的分析看起来似乎只是局部的。摒弃后现代主义对权利的对抗性思维，这种做法意味着批判种族理论乐于接受自由、平等和正义的观念。但是，批判种族理论的部分拥护者对自由主义及其力图保障的形式平等表示了深刻的担忧，并厌恶个人权利以及自由主义的其他内容。

批判种族理论经常采取“自传/传记”的方式来评价社会和法律关系。比如帕特里夏·威廉斯把法律分析和个人叙述混合在一起来批判法律的主观性。批判种族理论认为传统的法学研究所采取的反对自传/传记的研究方法使法律远离了社会关系，尤其是远离了它所引发的种族和性别歧视。

批判种族理论的一个分支理论持一种后殖民时代的观点，认为殖民政府的瓦解未能结束这些社会的种族分化与偏见。

图15　美国1960年代的民权运动最终实现了法律保证下的种族平等的主要目标

译名对照表

A

American jurisprudence 美国法学
Aquinas, St. T. 圣托马斯·阿奎那
Aristotle 亚里士多德
Austin, J. 奥斯丁

B

Bentham, J. 边沁
Blackstone, Sir W. 布莱克斯通爵士

C

capitalism 资本主义
Chicago School 芝加哥学派
choice theory 选择理论
Cicero 西塞罗
Coase theorem 科斯定理
codification of common law 普通法的编纂
command theory 命令学说
consequentialism 结果主义
constitutions 宪法
contractarian theories 契约理论
Conventionalism 传统主义
Cornell, D. 康奈尔
Critical legal studies (CLS) 批判法学派
critical legal theory 批判法学理论
customs 习惯

D

De Groot,H. 胡果·德·格鲁特
Derrida, J. 德里达
descriptive legal theory 描述性法律理论
dialectical materialism 辩证唯物主义
difference feminism 差异女性主义
divine law 神法
domination 统治
Durkheim, E. 涂尔干
duty 义务
Dworkin, R. 德沃金

E

economic analysis 经济分析
efficacy 功效
Ehrlich, E. 埃利希
Engels, F. 恩格斯
equality 平等
eternal law 永恒法
European Convention on Human Rights《欧洲人权公约》

参考文献

Chapter 1

A. Passerin D'Entrèves, *Natural Law* (1970), p. 116.

J. Finnis, *Natural Law and Natural Rights*, pp. 3, 34.

Cicero, *De Re Publica* 3. 22. 33.

Augustine, *City of God*, 4. 4.

Aquinas, *Summa Theologiae*, I/II. 96. 4.

Finnis, *Natural Law and Natural Rights* (1980), pp. 219–220, emphasis added.

Chapter 2

H. L. A. Hart, *The Concept of Law* (1994), pp. 210, 117, 57.

H. Kelsen, *Pure Theory of Law* (1967), pp. 201, 217.

'Hard' legal positivists maintain that all criteria of legality must be what Raz calls 'social sources', so the determination of whether something is 'law' cannot turn on a norm's content or substantive value or merit. The existence of a particular 'law', in other words, does not depend on whether it ought to be the law. 'Soft positivists' (or 'inclusive positivists' or 'incorporationists'), on the other hand, accept that some principles may be legally binding by virtue of their value or merit, but morality can be a condition of validity only where the rule of recognition so stipulates. See Jules Coleman, *The Practice of Principle* (2001), and the works listed in the 'Further reading' section by Waluchow, Himma, and Marmor.

J Raz, *The Authority of Law* (1979), pp. 37 ff.

Chapter 3

R. Dworkin, *Law's Empire* (1986), pp. 22, 239.
R. Dworkin, *Taking Rights Seriously* (1978), pp. 116–117.
R. Dworkin, *Law's Empire*, pp. 95–96, emphasis added.

Chapter 4

W. N. Hohfeld, *Fundamental Legal Conceptions as Applied in Judicial Reasoning*, ed. W. W. Cook (1964).
Justinian, *Corpus Juris Civilis:* The first quotation is from book 1, title 1, paragraph 10 of Justinian's Digest. The second is from the same source, book 1, title 2. The author is Ulpian. The translations are mine.
J. Bentham, *An Introduction to the Principles of Morals and Legislation* (1970), ch. 1, para 1.
The desert island example is adapted from Nigel Simmonds, *Central Issues in Jurisprudence* (2002), pp. 17–18.
The four criticisms are expressed by H. L. A. Hart, 'Between Utility and Rights', in his *Essays in Jurisprudence and Philosophy* (1982), pp. 200–202.

Chapter 5

Nicola Lacey, *A Life of H. L. A. Hart: The Nightmare and the Noble Dream* (OUP, 2004), pp. 230–231.
Max Weber on Law in Economy and Society (1954), pp. 5, 62 (shades of Dworkin?).
M. Weber, *The Religion of China* (1951), p. 149.
Max Weber on Law in Economy and Society, p. 225.
'Legal fetishism . . . ': I am here paraphrasing Balbus, 'Commodity Form and Legal Form: An Essay on the "Relative Autonomy of the Law"' (1977) 11 *Law and Society Review* 582.
K. Marx 'On the Jewish Question', in D. McLellan (ed.), *Karl Marx: Selected Writings* (OUP, 1977).
E. P. Thompson, *Whigs and Hunters* (Penguin, 1975), p. 266.

M. Foucault, *Discipline and Punish*, tr. A. Sheridan (Penguin, 1977), p. 167.

Chapter 6

'American realism . . . ': a similar distrust of metaphysical concepts reaches its apogee with the Scandinavian realists, whose chief protagonists include Axel Hägerström (1868–1939), Alf Ross (1899–1979), Karl Olivecrona (1897–1980), and A. V. Lundstedt (1882–1955). But, though the American realists are, in general, pragmatist and behaviourist, emphasizing 'law in action' (as opposed to legal conceptualism), the Scandinavians launch a philosophical assault on the metaphysical foundations of law; where the Americans are 'rule-sceptics', they are 'metaphysics-sceptics'. Yet we may legitimately group the two 'schools' together in one important respect: they both declare war on all absolute values (such as 'justice') and they are both empirical, pragmatic, and, of course, 'realistic'.

'four beliefs . . . ': these are described by David Trubek, 'CLS and Empiricism: Where the Action Is' in a symposium published in (1984) 36 *Stanford Law Review* 413.

Marital rape cases: *R* v. *R* [1992] 1 AC 599, House of Lords; *Smith* v. *Smith* 85 NJ 193, 426 A 2d 38 (1981).

A. Scales, 'The Emergence of Feminist Jurisprudence: An Essay' (1986) 95 *Yale Law Journal* 1373, 1385.

K. Bartlett, 'Feminist Legal Method' (1990) 103 *Harvard Law Review* 829.

R. Delgado and J. Stefanic, 'Critical Race Theory: An Annotated Bibliography' (1993) 79 *Virginia Law Review* 461.

扩展阅读

Introduction

Bix, Brian, *Jurisprudence: Theory and Context* (3rd edn., Sweet & Maxwell, 2003).

Christie, George C., and Patrick H. Martin (eds.), *Jurisprudence: Texts and Readings on the Philosophy of Law* (2nd edn., West Publishing, 1995).

Davies, H., and D. Holdcroft, *Jurisprudence: Texts and Commentary* (Butterworths, 1991).

Feinberg, Joel, and Jules Coleman (eds.), *Philosophy of Law* (7th edn., Wadsworth/Thomson Learning, 2003).

Freeman, M. D. A. (ed.), *Lloyd's Introduction to Jurisprudence* (7th edn., Sweet & Maxwell, 2001)

Harris, J. W., *Legal Philosophies* (2nd edn., Butterworths, 1997).

Hayman, R. L., N. Levit, and R. Delgado, *Jurisprudence, Classical and Contemporary: From Natural Law to Postmodernism* (2nd edn., West Publishing, 2002).

McCoubrey, H., and N. D. White, *Textbook on Jurisprudence* (3rd edn., Blackstone Press, 1999).

Penner, James, David Schiff, and Richard Nobles (eds.), *Introduction to Jurisprudence and Legal Theory: Commentary and Materials* (Butterworths, 2002).

Simmonds, N. E., *Central Issues in Jurisprudence: Justice, Law and Rights* (2nd edn., Sweet & Maxwell, 2002).

Wacks, Raymond, *Understanding Jurisprudence: An Introduction to Legal Theory* (OUP, 2005).

Chapter 1

Finnis, John *Natural Law and Natural Rights* (Clarendon Press, 1980).

— (ed.), *Natural Law* (in 2 vols., International Library of Essays in Law and Legal Theory, Dartmouth, 1991).

— 'Natural Law: The Classical Tradition' in Jules Coleman & Scott Shapiro (eds.), *The Oxford Handbook of Jurisprudence and Philosophy of Law* (OUP, 2002).

Fuller, Lon Luvois, *The Morality of Law* (rev. edn., Yale University Press, 1969).

George, Robert P., *In Defense of Natural Law* (OUP, 1999).

Passerin D'Entrèves, Alessandro, *Natural Law: An Introduction to Legal Philosophy* (2nd edn., Hutchinson, 1970).

Chapter 2

Austin, John, *The Province of Jurisprudence Determined and the Uses of the Study of Jurisprudence* (Weidenfeld & Nicolson, 1954).

Bentham, Jeremy, *A Fragment on Government; or, A Comment on the Commentaries* (2nd edn., W. Pickering, 1823).

— *An Introduction to the Principles of Morals and Legislation*, ed. J. H. Burns and H. L. A. Hart (Athlone Press, 1970).

— *Of Laws in General*, ed. H. L. A. Hart (Athlone Press, 1970).

Coleman, Jules (ed.), *Hart's Postscript: Essays on the Postscript to The Concept of Law* (OUP, 2001).

— *The Practice of Principle: In Defence of A Pragmatic Approach to Legal Theory* (OUP, 2001).

George, Robert P. (ed.), *The Autonomy of Law: Essays on Legal Positivism* (Clarendon Press, 1995).

Hart, H. L. A., *Essays on Bentham: Studies on Jurisprudence and Political Theory* (Clarendon Press, 1982).

— *The Concept of Law* (Clarendon Press, 1961); 2nd edn. by P. A. Bulloch and J. Raz (Clarendon Press, 1994).

Himma, Kenneth Einar, 'Inclusive Legal Positivism' in Jules Coleman and Scott Shapiro (eds.), *The Oxford Handbook of Jurisprudence and Philosophy of Law* (OUP, 2002).

Jori, Mario (ed.), *Legal Positivism* (Dartmouth, 1992).

Kelsen, Hans, *General Theory of Law and State*, tr. Anders Wedberg (Harvard University Press, 1949)

— *Pure Theory of Law*, tr. Max Knight (University of California Press, 1967).

— *General Theory of Norms*, tr. M. Hartney (Clarendon Press, 1991).

— *Introduction to the Problems of Legal Theory*, tr. Bonnie Litschewski Paulson and S. L. Paulson (Clarendon Press, 1992).

Kramer, Matthew, *In Defense of Legal Positivism: Law without Trimmings* (OUP, 1999).

Marmor, Andrei, 'Exclusive Legal Positivism', in Jules Coleman and Scott Shapiro (eds.), *The Oxford Handbook of Jurisprudence and Philosophy of Law* (OUP, 2002).

Morison, W. L., *John Austin* (Edward Arnold, 1982).

Postema, Gerald J., *Bentham and the Common Law Tradition* (Clarendon Press, 1986).

Raz, Joseph, *The Authority of Law* (OUP, 1979).

— *The Concept of Legal System: An Introduction to the Theory of Legal System* (2nd edn., Clarendon Press, 1980).

— *The Morality of Freedom* (OUP, 1986).

— *Ethics in the Public Domain* (OUP, 1994).

— *Practical Reason and Norms* (OUP, 1999).

— *Engaging Reason: On the Theory of Value and Action* (OUP, 2000).

— *Value, Respect, and Attachment* (Cambridge University Press, 2001).

Tur, Richard, and William Twining (eds.), *Essays on Kelsen* (Clarendon Press, 1986).

Waldron, Jeremy (ed.), *Nonsense upon Stilts: Bentham, Burke and Marx on the Rights of Man* (Methuen, 1987).

Waluchow, W. J., 'Authority and the Practical Difference Thesis: A Defence of Inclusive Legal Positivism' (2000) 6 *Legal Theory* 45, pp. 76–81.

— *Inclusive Legal Positivism* (1994).

Chapter 3

Cohen, Marshall (ed.), *Ronald Dworkin and Contemporary Jurisprudence* (Duckworth, 1984).

Dworkin, Ronald, *Taking Rights Seriously*, new impression with a reply to critics (Duckworth, 1978).

—— *A Matter of Principle* (Harvard University Press, 1985).

—— *Law's Empire* (Belknap Press, 1986).

—— *Life's Dominion: An Argument about Abortion and Euthanasia* (Harper Collins, 1993).

Guest, Stephen, *Ronald Dworkin* (2nd edn., Edinburgh University Press, 1997).

Chapter 4

Rights

Dworkin, Ronald, *Taking Rights Seriously*, new impression with a reply to critics (Duckworth, 1978).

—— *A Matter of Principle* (Harvard University Press, 1985).

Hohfeld, Wesley Newcomb, *Fundamental Legal Conceptions as Applied in Judicial Reasoning*, ed. W. W. Cook (Yale University Press, 1964; also in (1913) 23 *Yale Law Journal* 28).

Simmonds, N. E., *Central Issues in Jurisprudence: Law, Justice, Law and Rights* (2nd edn., Sweet & Maxwell, 2002).

Waldron, Jeremy (ed.), *Theories of Rights* (OUP, 1984).

White, A. R., *Rights* (Clarendon Press, 1984).

Justice

Daniels, Norman (ed.), *Reading Rawls: Critical Studies on Rawls'* A Theory of Justice (Basil Blackwell, 1975).

Hart, H. L. A., 'Between Utility and Rights', in H. L. A. Hart, *Essays in Jurisprudence and Philosophy* (Clarendon Press, 1982).

Morawetz, Thomas (ed.), *Justice* (Dartmouth, 1991).

Nozick, Robert, *Anarchy, State, and Utopia* (Basil Blackwell, 1974).

Polinsky, A. M., *An Introduction to Law and Economics* (Little, Brown & Co., 1983).

Posner, Richard A., *The Economic Analysis of Law* (2nd edn., Little, Brown & Co., 1977).
— *The Economics of Justice* (Harvard University Press, 1981).
Rawls, John, *A Theory of Justice* (OUP, 1973).
— *Political Liberalism* (Columbia University Press, 1993).
Raz, Joseph, *The Authority of Law: Essays on Law and Morality* (Clarendon Press, 1979).

Chapter 5

Cain, Maureen, and Hunt, Alan, *Marx and Engels on Law* (Academic Press, 1979).
Campbell, Tom, *The Left and Rights: A Conceptual Analysis of the Idea of Socialist Rights* (Routledge & Kegan Paul, 1983).
Collins, Hugh, *Marxism and Law* (Clarendon Press, 1982).
Cotterrell, Roger, *The Sociology of Law: An Introduction* (Butterworths, 1984).
— *Law's Community: Legal Theory in Sociological Perspective* (Clarendon Press, 1995).
Durkheim, Émile, *The Division of Labour in Society*, tr. George Simpson (Collier-Macmillan, 1964).
Hunt, Alan, *The Sociological Movement in Law* (Macmillan, 1978).
Kronman, Anthony R., *Max Weber* (Edward Arnold, 1983).
Lukes, Steven, and Andrew Scull (eds.), *Durkheim and the Law* (Martin Robertson, 1983).
Marx, Karl, *Capital*, tr. B. Fowkes and D. Fembach (Penguin Books and Random House, 1976).
Weber, Max, *The Religion of China: Confucianism and Taoism*, tr. and ed. Hans H. Gerth (Free Press, 1951).
— *Max Weber on Law in Economy and Society*, ed. Max Rheinstein, tr. Edward Shils and Max Rheinstein (Harvard University Press, 1954).
— *Economy and Society: An Outline of Interpretive Sociology*, ed. Guenther Roth and Claus Wittich (Bedminister Press, 1968).

Chapter 6

Realism

Neil Duxbury, *Patterns of American Jurisprudence* (Clarendon Press, 1995).

Fisher, W. W., M. J. Horwitz, and T. A. Reed (eds.), *American Legal Realism* (OUP, 1993).

Llewellyn, Karl N., 'Some Realism about Realism' (1931) 44 *Harvard Law Review* 1222.

Olivecrona, Karl, *Law as Fact* (2nd edn., Stevens & Sons, 1971).

Ross, Alf, *On Law and Justice*, tr. Margaret Dutton (Stevens & Sons, 1958).

Rumble, Wilfred E., *American Legal Realism: Skepticism, Reform, and the Judicial Process* (Cornell University Press, 1968).

Twining, William, *Karl Llewellyn and the Realist Movement* (Weidenfeld & Nicolson, 1973).

Critical legal studies

Boyle, James D. A. (ed.), *Critical Legal Studies* (Dartmouth, 1992).

Kairys, David (ed.), *The Politics of Law: A Progressive Critique* (Pantheon Books, 1982).

Kelman, Mark, *A Guide to Critical Legal Studies* (Harvard University Press, 1987).

Norrie, Alan (ed.), *Closure or Critique: New Directions in Legal Theory* (Edinburgh University Press, 1993).

Unger, Roberto, 'The Critical Legal Studies Movement' (1983) 96 *Harvard Law Review* 561.

—— *False Necessity: Anti-Necessitarian Social Theory in the Service of Radical Democracy* (Cambridge University Press, 1987).

Postmodern legal theory

Lacan, Jacques, *The Four Fundamental Concepts of Psychoanalysis*, tr. A Sheridan (Penguin, 1979).

Lyotard, Jean-François, *The Postmodern Condition: A Report on Knowledge* (Manchester University Press, 1984).

Patterson, Dennis (ed.), *Postmodernism and Law* (Dartmouth, 1994).

Rorty, Richard, *Philosophy and the Mirror of Nature* (Basil Blackwell, 1990).

Feminist legal theory

Bartlett, Katherine, 'Tradition, Change, and the Idea of Progress in Feminist Legal Thought' (1995) *Wisconsin Law Review* 303.

Gilligan, Carol, *In a Different Voice: Psychological Theory and Women's Development* (Harvard University Press, 1982).

Kingdom, Elizabeth F., *What's Wrong with Rights? Problems for Feminist Politics of Law* (Edinburgh University Press, 1991).

Lacey, Nicola (ed.), *Unspeakable Subjects: Feminist Essays in Legal and Social Theory* (Hart Publishing, 1998).

MacKinnon, Catharine, *Feminism Unmodified: Discourses on Life and Law* (Harvard University Press, 1987).

— *Towards a Feminist Theory of the State* (Harvard University Press, 1989).

Olsen, Frances E., 'Feminism and Critical Legal Theory: An American Perspective' (1990) 18 *International Journal of the Sociology of Law* 199.

— (ed.), *Feminist Legal Theory* (Dartmouth, 1994).

Rhode, Deborah, *Justice and Gender: Sex Discrimination and the Law* (Harvard University Press, 1989).

— 'Feminist Critical Theories' (1990) 42 *Stanford Law Review* 617.

Scales, Anne, 'The Emergence of Feminist Jurisprudence: An Essay' (1986) 95 *Yale Law Journal* 1373.

Smart, Patricia, *Feminist Jurisprudence* (Clarendon Press, 1993).

Critical Race Theory

Delgado, Richard, and Jean Stefanic, 'Critical Race Theory: An Annotated Bibliography' (1993) 79 *Virginia Law Review* 461.

— (eds.), *Critical White Studies: Looking Behind the Mirror* (Temple University Press, 1997).

Harris, Angela P., 'Race and Essentialism in Feminist Legal Theory' (1990) 42 *Stanford Law Review* 581.